Marianne Weissel

Werkstatt Säugetiere

Materialien für den Biologieunterricht
in der Sekundarstufe I

 Auer Verlag GmbH

Gedruckt auf umweltbewusst gefertigtem, chlorfrei gebleichtem
und alterungsbeständigem Papier.

1. Auflage. 2003
Nach der Neuregelung der deutschen Rechtschreibung
© by Auer Verlag GmbH, Donauwörth
Alle Rechte vorbehalten
Illustrationen: Malte Müller
Gesamtherstellung: Ludwig Auer GmbH, Donauwörth
ISBN 3-403-03847-5

Inhalt

Vorwort

Werkstattunterricht ist neben Projektunterricht, Fallstudie, Gruppen-, Plan- und Freiwahlarbeit eine der neuen, erweiterten Lernformen, mit deren Hilfe Lehrerinnen und Lehrer ihren Unterricht abwechslungsreicher und lebendiger gestalten können. Den Schülerinnen und Schülern wird in einer Lernwerkstatt nicht nur Fachwissen, sondern auch Eigenständigkeit und Sozialkompetenz vermittelt, da die Stationen teils einzeln, teils zu zweit oder in der Gruppe bearbeitet werden.

Zwar sind Vor- und Nachbereitung einer Werkstatt mit einem gewissen Arbeitsaufwand verbunden – doch es lohnt sich, wenn man später sieht, mit welchem Eifer die Jugendlichen bei der Sache sind und wie rasch für sie dabei die Zeit vergeht: „Was, die zwei Stunden sind jetzt schon um?", so die Rückmeldung vieler Schülerinnen und Schüler.

Auch wenn Sie bisher noch keine Erfahrung mit dieser Methode haben, ist es ein Leichtes, die „Werkstatt Säugetiere" einzusetzen: Alle dafür notwendigen Informationen finden Sie auf den ersten Seiten des Buches.

Die vorliegende „Werkstatt Säugetiere" habe ich mehrmals in der 5. Klasse erprobt und immer wieder die gleichen, positiven Erfahrungen gemacht.
Ich wünsche auch Ihnen und Ihren Schülerinnen und Schülern viel Spaß bei der Arbeit!

Pörtschach, August 2002   Marianne Weissel

Mag. Marianne Weissel, geboren 1950, studierte in Graz (Österreich) Biologie, Physik und Chemie. Seit 1973 unterrichtet sie diese Gegenstände am Bundesgymnasium Ingeborg Bachmann in Klagenfurt. Sie ist Referentin für „Werkstattunterricht" und „Elternarbeit" sowie Co-Autorin des Buches „Exkursionen. Von der professionellen Planung bis zum erfolgreichen Abschluss.", oebvhpt-Verlag, Wien 2002.

Was ist Werkstattunterricht?

Werkstattunterricht ist ein strukturiertes Lernangebot, das vielfältige, umfangreiche und informative Materialien umfasst. Die einzelnen Stationen einer Werkstatt sind so aufbereitet, dass sie die Schülerinnen und Schüler zur Arbeit motivieren und möglichst alle Sinne ansprechen.

Wichtig ist, dass **konkrete Arbeitsaufträge** gegeben werden und dass die Schülerinnen und Schüler ihre Ergebnisse **selbst kontrollieren** können. Verschiedene Lernspiele lockern die Arbeit auf. Durch **Partner- oder Gruppenarbeit** ist vieles leichter zu bewältigen und Sozialkompetenzen werden gefördert. Die **Möglichkeit der Wahl** zwischen den Stationen berücksichtigt die individuellen Interessen.

Es wird eine gewisse Anzahl von **Pflicht- und Wahlstationen** vorgegeben, die die Schülerinnen und Schüler in beliebiger Reihenfolge bearbeiten sollen.

Das Ganze ist so konzipiert, dass mit den Pflichtstationen die wesentlichen Lernziele erreicht werden können. Durch das freiwillige Angebot können die Schülerinnen und Schüler zusätzliche Leistungen erbringen.

Eine bestimmte **Arbeitszeit** für jede Station wird im Voraus abgesprochen, wobei ein gewisser Spielraum einkalkuliert werden sollte, um dem unterschiedlichen **Lerntempo des Einzelnen** Rechnung zu tragen.

Werkstattunterricht ist

- zielorientiert,
- individualisierend,
- ganzheitlich (Kopf, Herz und Hand) und
- gemeinschaftsbildend.

Das bedeutet, dass für die Jugendlichen

- klar ist, was erreicht und gelernt werden soll,
- der persönliche Zugang ermöglicht wird,
- die Eigenverantwortung für das Lernen gefördert wird,
- das Thema theoretisch, praktisch und persönlich zugänglich ist,
- verschiedene Lerntypen (haptisch, auditiv, visuell) und
- verschiedene Sozialformen (Einzel-, Partner- und Gruppenarbeit) berücksichtigt werden.

Werkstätten können von **einer oder mehreren Lehrkräften (fächerübergreifend)** geleitet werden. Diese haben neben der Organisation vor allem beratende Funktion.

Die Grundstruktur der Werkstatt Säugetiere

a) Planung und Vorbereitung

Organisatorische Überlegungen

- Bei einer Klassengröße von über 20 braucht man einen großen Klassenraum bzw. zwei Klassenräume, um Platz für alle Stationen zu haben. Steht nur begrenzt Platz zur Verfügung, sollten die Pflichtstationen aufgebaut, die Wahlstationen abholbereit am Lehrertisch ausliegen.
- Für die Aufsicht und Leitung im zweiten Klassenraum ist die Hilfe einer zweiten Lehrkraft – zumindest am Anfang – günstig.
- Der Aufbau der Stationen lohnt sich nur, wenn die Schülerinnen und Schüler mindestens eine Doppelstunde daran arbeiten können.
- Damit eine Werkstatt erfolgreich abläuft, werden **Regeln** benötigt, die für alle verbindlich sind und die Form eines „Arbeitsvertrages" zwischen allen Beteiligten haben. Diese Regeln werden in einer Unterrichtsstunde vor Beginn der Werkstattarbeit besprochen.
- Vorab sind die Materialien vorzubereiten bzw. die Lernspiele in der notwendigen Anzahl nach den Anleitungen (S. 12 ff.) herzustellen.
- Für einige Stationen ist es sinnvoll, Nachschlagewerke wie Tier- oder allgemeine Lexika, Atlanten usw. bereitzustellen (ein Hinweis darauf findet sich auf dem jeweiligen Stationsblatt). Diese können gesammelt in einer Leseecke oder an den einzelnen Stationen ausgelegt werden.
- Für die Schülerinnen und Schüler werden Arbeitsmappen zusammengestellt. Sie beinhalten die „Einführung in die Werkstattarbeit – Anleitung für Schülerinnen und Schüler" (S. 8), den „Arbeitspass" (S. 9), die „Übersicht" (S. 11) sowie die Arbeitsblätter für die Pflichtstationen.
- Die Lösungsblätter behält die Lehrkraft, sie können von den Schülerinnen und Schülern geholt werden, sobald sie die entsprechende Station bearbeitet und das dazu gehörende Arbeitsblatt ausgefüllt haben. Damit können sie freiwillig Selbstkontrolle üben.

Die Werkstatt Säugetiere kann beliebig ergänzt werden; genauso können Stationen weggelassen werden.
Das Material eignet sich auch, um im regulären Unterricht im Klassenverband einzelne Themen zu erarbeiten.

Die wichtigsten Regeln für die Schülerinnen und Schüler

- Du bestimmst die Reihenfolge der Stationen.
- Du kontrollierst, was du bearbeitet und was du ausgelassen hast.
- Du kannst dich frei bewegen, solange du andere nicht störst.
- Du kannst dich mit anderen leise unterhalten, sofern du andere nicht störst.
- Du kannst anderen helfen, wenn sie das wollen.
- Du sollst mit den bereitgestellten Materialien sorgfältig umgehen.
- Du sollst den Arbeitsplatz aufgeräumt verlassen.

Natürlich lässt sich diese Liste verändern und ergänzen.

b) Durchführung

Der Start

In der ersten Stunde teilt der Lehrer/die Lehrerin die Arbeitsmappen aus und bespricht den Ablauf und die Regeln der Werkstattarbeit (S. 6).

Die Schülerinnen und Schüler verschaffen sich mit Hilfe der Liste, in der alle Stationen verzeichnet sind (S. 11), einen Überblick über das Stationen-Angebot. Sie bestimmen selbst, in welcher Reihenfolge sie die Stationen bearbeiten wollen. Kollisionen an den Stationen können verhindert werden, indem die Pflichtstationen doppelt vorbereitet werden.

Der Arbeitspass

Der Arbeitspass (S. 9) ist ein Instrument der Selbstkontrolle und ermöglicht der Lehrkraft sowie den Schülerinnen und Schülern auf einen Blick die Übersicht über den Stand der Arbeit.

Das Stationsblatt

Für jede Station der Werkstatt gibt es eine Beschreibung (Stationsblatt), die den Arbeitsauftrag enthält. Auf dem Stationsblatt müssen folgende Punkte berücksichtigt werden:

- Nummer und Thema der Station,
- Einzelarbeit/Partnerarbeit/Gruppenarbeit,
- vermutlicher Zeitaufwand,
- Form der Kontrolle,
- Hinweis: Wahl- oder Pflichtstation,
- benötigte Materialien/Hilfsmittel,
- Arbeitsanleitung, ggf. Spielregeln.

Arbeitsblätter und Lösungsblätter

Zu fast jeder Station gibt es ein Arbeitsblatt, das von den Schülerinnen und Schülern sorgfältig ausgefüllt werden muss. Zur Selbstkontrolle können die Ergebnisse mit den Antworten auf einem Lösungsblatt, das beim Lehrer/bei der Lehrerin einsehbar ist, verglichen werden. Das Lösungsblatt wird dem Schüler/der Schülerin erst dann ausgehändigt, wenn ein Großteil der gestellten Fragen beantwortet worden ist.

c) Auswertung

Am Ende der Werkstattarbeit sammelt die Lehrkraft die Arbeitsblätter und Arbeitspässe ein und bewertet die Ergebnisse.

Bewertungskriterien sind:
- Anzahl der Stationen, die bearbeitet wurden,
- welche Wahlstationen ausgesucht wurden, da der Zeitaufwand für die einzelnen Stationen sehr verschieden ist,
- Sorgfalt und Genauigkeit der Arbeit,
- Vollständigkeit und Richtigkeit der Antworten.

d) Reflexion

Die Reflexion soll ermöglichen, dass Erfahrungen, die bei der Arbeit im Werkstattunterricht gemacht wurden, bewusst wahrgenommen und angesprochen werden. Dies erfolgt vonseiten der Schülerinnen und Schüler durch das Beantworten eines Fragebogens (S. 10). Auch ein gegenseitiges mündliches Feedback kann diesen Zweck erfüllen.

Einführung in die Werkstattarbeit
Anleitung für Schülerinnen und Schüler

- **Arbeitspass:** Du erhältst vor Beginn der Arbeit einen Arbeitspass. Fülle ihn genau aus! Er ist der Nachweis für deine Arbeit und muss am Ende abgegeben werden.
- **Arbeitsmappe:** Sie beinhaltet einen Überblick über die Stationen, deinen Arbeitspass und deine Arbeitsblätter.

Du findest verschiedene Stationen vor:

- An jeder Station liegt ein **Stationsblatt**. Darauf findest du verschiedene Informationen und Arbeitsanleitungen.
- **Lies das Stationsblatt stets vor Beginn der Arbeit vollständig durch und befolge die Anleitung!** Das Stationsblatt bleibt immer an der Station liegen und darf **nicht** beschrieben werden!
- **Stationsnummer und Thema der Station** sind vor Arbeitsbeginn in den Arbeitspass einzutragen.
- **Beginn/Ende:** Trage ein, wann genau du mit der Arbeit an einer Station begonnen hast und wann du fertig geworden bist.
- **Einzelarbeit (E)** sollst du allein durchführen.
- **Partnerarbeit (P)** ist mit Partner/Partnerin zu erledigen.
- **Gruppenarbeit (G):** Arbeite in einer Dreier- oder Vierergruppe!
- **Pflicht:** Diese Station musst du machen.
- **Wahl:** Diese Station ist wahlweise zu bearbeiten. Suche dir mindestens fünf Wahlstationen aus, die dich besonders interessieren. (Wenn du schnell arbeitest, kannst du natürlich mehr machen.)
- **Selbstkontrolle:** Wenn du das Arbeitsblatt ausgefüllt hast, kannst du dir ein Lösungsblatt bei der Lehrerin/beim Lehrer holen. Vergleiche die Ergebnisse und verbessere deine Fehler.
- **Kontrolle durch die Lehrkraft:** Die Lehrerin/der Lehrer sammelt die Arbeitsblätter ein und korrigiert sie.
- **Arbeitsplatz:** Der Stationsplatz ist dein Arbeitsplatz.
- **Material:** Gehe mit dem Material, das bei den Stationen aufliegt, **sehr sorgfältig** um, so dass es nach deiner Arbeit weiter verwendbar ist und am richtigen Stationsplatz vorliegt.

In der Werkstatt Säugetiere gelten folgende Bewertungskriterien:

- Anzahl bearbeiteter Stationen,
- Sorgfalt und Genauigkeit,
- Vollständigkeit und Richtigkeit der Antworten,
- welche Wahlstationen ausgesucht werden (verschiedener Zeitaufwand!).

Überlege dir die Reihenfolge, in der du deine Stationen bearbeiten möchtest! Vergiss nicht, dein Schulbuch, Füllfeder, Bleistift, Buntstifte und Radiergummi mitzunehmen.

Arbeitspass

Name: _____ Klasse: _____

Station	E	P	G	Beginn	Ende	Wertung

E = Einzelarbeit
P = Partnerarbeit
G = Gruppenarbeit

Wertung: xxx gefiel mir
xx gefiel mir mittelmäßig
x gefiel mir nicht

Reflexion

Name: _____

1. Werkstattarbeit finde ich
   - ○ lustig.
   - ○ interessant.
   - ○ anstrengend.
   - ○ langweilig.
   - ○ abwechslungsreich.
   - ○

2. Welche Stationen waren für dich

   am interessantesten? _____

   am lustigsten? _____

   am langweiligsten? _____

3. Die Stationen waren für mich eher
   - ○ leicht.
   - ○ mittelschwer.
   - ○ schwierig.

   Welche war die schwierigste? _____

4. Die Station _____ gefiel mir nicht, weil _____

   _____

5. Gab es Anleitungen, die du nicht richtig verstanden hast?   ○ ja   ○ nein

   Wenn ja, an welcher Station? _____

6. Meiner Meinung nach habe ich die Aufgaben
   - ○ sehr sorgfältig
   - ○ sorgfältig
   - ○ weniger sorgfältig   gelöst.

7. 2 Stunden Werkstattarbeit sind
   - ○ zu lang.
   - ○ zu kurz.
   - ○ gerade richtig.

8. Ich arbeite am liebsten
   - ○ mit 1 Partner(in).
   - ○ allein.
   - ○ in einer Gruppe.

9. Durch die Werkstattarbeit habe ich
   - ○ viel
   - ○ einiges
   - ○ wenig
   - ○ nichts   dazugelernt.

10. Meine Wünsche/Vorschläge für die nächste Werkstattarbeit:

    _____

    _____

    _____

Übersicht
Die Stationen der Werkstatt Säugetiere

1	E	Gemeinsame Merkmale der Säugetiere	Pflicht
2	E	Vordergliedmaßen verschiedener Säugetiere	Pflicht
3	E/P	Nahrung und Gebiss verschiedener Säugetiere	Pflicht
4	P	Säugetiere Europas	Pflicht
5	P/G (3)	Säugetier-Domino	Pflicht
6	P/G (4)	Säugetiere und Kontinente – außereuropäische Säugetiere	Pflicht
7	G (3–4)	Würfelspiel „Der Rotfuchs"	Wahl
8	G (3–4)	Würfelspiel „Das Reh"	Wahl
9	G (3–4)	Würfelspiel „Das Eichhörnchen"	Wahl
10	E	Der Afrikanische Elefant – Ernährung und Lebensraum	Wahl
11	E	Der Afrikanische Elefant – Soziales Verhalten und Fortpflanzung	Wahl
12	E	Der Afrikanische Elefant – Rüssel und Gebiss	Wahl
13	E/P	Säugetierpuzzle Koala	Wahl
14	E/P	Säugetierpuzzle Wale	Wahl
15	E/P	Tangram – ein chinesisches Puzzle	Wahl
16	G (4)	Bingo-Spiel 1	Wahl
17	G (4)	Bingo-Spiel 2	Wahl
18	G (3–6)	Anfertigen eines Quartetts „Säugetiere"	Wahl
19	E/P	Rätsel: Um welche Säugetiere handelt es sich?	Wahl
20	E/P	Silbenrätsel Säugetiere	Wahl
21	E/P	Redewendungen mit Säugetieren	Wahl
22	E/P	Haustiere-Puzzles	Wahl

E = Einzelarbeit
P = Partnerarbeit
G = Gruppenarbeit

Materialliste für die einzelnen Stationen und Hinweise zur Erstellung der Arbeits- und Lernspielmaterialien

Nr.	Stationsname	Material
1	Gemeinsame Merkmale der Säugetiere	– Informationsblatt 1 (in den Arbeitsmappen) – Arbeitsblätter 1a und 1b (in den Arbeitsmappen) – Lösungsblätter 1a und 1b
2	Vordergliedmaßen verschiedener Säugetiere	– Arbeitsblätter 2a und 2b (in den Arbeitsmappen) – Lösungsblatt 2b – ggf. Skelettmodelle verschiedener Säugetiergliedmaßen
3	Nahrung und Gebiss verschiedener Säugetiere	– Arbeitsblätter 3a und 3b (in den Arbeitsmappen) – Lösungsblätter 3a und 3b – 24 Zuordnungskarten: 6 Karten mit jeweils der Zeichnung eines Gebisses 6 Karten mit Tiernamen 6 Karten zum Ernährungstyp 6 Karten mit Gebissbeschreibungen – Buntstifte Kartenvorlagen auf festes Papier kopieren, Karten ausschneiden (graue Nummernfelder dabei wegschneiden) und laminieren.
4	Säugetiere Europas	– Arbeitsblatt 4 (in den Arbeitsmappen) – Lösungsblatt 4 sowie eine Schwarzweiß-Kopie der Fotokartenvorlage mit Namensfeldern – für jede Person 14 Eigenschaftskarten – 30 Fotokarten (Vorlagen befinden sich im Farbanhang) – 30 Karten mit Tiernamen – Tierlexikon Die Kartenvorlagen auf festes Papier kopieren, ausschneiden und laminieren. (Um keine Farbkopien anfertigen zu müssen, können die Fotokarten direkt aus der Originalseite ausgeschnitten, auf festes Papier geklebt und laminiert werden.) Die Kopiervorlagen für die Foto- und die Eigenschaftskarten dienen auch als Lösungsblätter! Daher sollten Kopien angefertigt werden, bevor die Vorlagen zerschnitten werden. **Tipp:** Werden Fotos und Namen auf getrennten, gleichformatigen Karten angelegt, können diese auch als Memory verwendet werden! **Memory-Spielanleitung:** Foto- und Namenskarten

Nr.	Stationsname	Material
		werden gemischt und verdeckt auf dem Tisch ausgelegt. Jeder Spieler deckt zwei Karten auf und wieder ab. Wenn zusammenpassende Foto- und Namenskarten aufgedeckt werden, kann das Paar behalten und zwei neue Karten aufgedeckt werden. Es wird gespielt, bis keine Karten mehr auf dem Tisch liegen. Wer zum Schluss die meisten Kartenpaare besitzt, hat gewonnen.
5	Säugetier-Domino	– Arbeitsblatt 5 (in den Arbeitsmappen) – Lösungsblatt 5 – mind. 25 Domino-Karten Die Vorlage für die Domino-Karten auf festes Papier kopieren und laminieren, dann ausschneiden. Um weitere Domino-Karten anfertigen zu können, sind leere Domino-Karten vorgesehen.
6	Säugetiere und Kontinente – außereuropäische Säugetiere	– Arbeitsblatt 6 (in den Arbeitsmappen) – Lösungsblatt 6 und Schwarzweiß-Kopie der Fotokarten mit grauen Namensfeldern – 4 Kontinentkarten – 24 Fotokarten mit Tiernamen – 24 Beschreibungskarten Die Zuordnung der Tiere kann entweder mit Hilfe eines Tierlexikons (schwierigere Variante) oder der Informationskarten (in einem Karteikasten angelegt, einfachere Variante) erfolgen. Die Beschreibungs- und die Kontinentkarten auf festes Papier kopieren. Die Fotokarten mit den Tiernamen können dann aus dem Original ausgeschnitten werden. Alle Karten ausschneiden und anschließend laminieren. **Tipp:** Mit Foto- und Beschreibungskarten kann auch ein Memory gespielt werden. (Spielanleitung: s. Hinweis zu Station 4)
7 8 9	Würfelspiele „Der Rotfuchs", „Das Reh", „Das Eichhörnchen"	– Informationstext 7/8/9 – Arbeitsblatt 7/8/9 – Lösungsblatt 7/8/9 – 1 Spielplan – 1 Würfel und 4 Spielsteine – mind. 8 Fragekarten – mind. 8 Ereigniskarten Karten- und Spielplanvorlagen auf festes Papier kopieren, ausschneiden und laminieren. (Für Fragen- und Ereigniskarten am besten unterschiedlich-

Nr.	Stationsname	Material
		farbiges, festes Papier verwenden, den Spielplan vor dem Laminieren farbig ausgestalten.) Um weitere Karten zu ergänzen sind leere Kartenvorlagen vorgesehen.
10 11 12	Der Afrikanische Elefant – Ernährung und Lebensraum – Soziales Verhalten und Fortpflanzung – Rüssel und Gebiss	– Informationstext 10/11/12 – Arbeitsblatt 10/11/12 – Lösungsblatt 10/11/12
13 14	Säugetierpuzzle Koala/ Säugetierpuzzle Wale	– Informationstext 13/14 – Arbeitsblatt 13/14 – Fragenraster 13/14 – Antwort-Puzzleteile (mit Bildrückseite) – Lösungsblatt 13/14 Der Antwortenraster wird auf festes Papier kopiert und auf das großformatige Foto (Wal bzw. Koala, s. Anhang) geklebt. Nach dem Laminieren werden die Antwort-Puzzleteile auseinander geschnitten. Die untersten beiden Zeilen im Antwortenraster passen zu keiner Frage, sind also „falsche" Puzzleteile und erhöhen somit den Schwierigkeitsgrad der Aufgabe. Rückseitig sind sie auf die hierfür vorgesehenen Fotofragmente zu kleben.
15	Tangram – ein chinesisches Puzzle	– Arbeitsblatt 15 – Lösungsblatt 15 – Vorlage 15 – Tangram-Puzzleteile Tangram-Puzzleteile auf festes Papier kopieren, laminieren und ausschneiden.
16 17	Bingo-Spiel 1 Bingo-Spiel 2	für jedes Spiel: – 3 Bingo-Karten – 1 Satz der 36 farbigen Tiernamen-Spielkärtchen – 1 Satz der 36 farbigen Tiernamen-Spielkärtchen mit rückseitigem Kreuz als Kennzeichnung – Lösungsübersicht Die Bingo-Karten werden auf normales oder festes Papier kopiert und nicht laminiert (sie werden von den Spielern beschriftet und abgeheftet). Die Tiernamen-Spielkärtchen werden wie auf der Vorlage gekennzeichnet auf verschiedenfarbiges, festes Papier kopiert. Vor dem Laminieren wird auf einem Karten-

Nr.	Stationsname	Material
		satz (Kontrollsatz für den Bingo-Meister) rückseitig ein Kreuz gemalt.
18	Anfertigen eines Quartetts „Säugetiere"	– für jede Gruppe eine Tabelle auf Arbeitsblatt 18 – leere Quartettkarten, auf festes Papier kopiert – Scheren, Farbstifte, Klebstoff, ggf. Tierbildmaterial zum Ausschneiden – Tierlexikon
19	Rätsel: Um welche Säugetiere handelt es sich?	– Arbeitsblatt 19 – Lösungsblatt 19/20
20	Silbenrätsel Säugetiere	– Arbeitsblatt 20 – Lösungsblatt 19/20
21	Redewendungen mit Säugetieren	– Arbeitsblatt 21 – Lösungsblatt 21 – Nachschlagewerk für Redewendungen (z. B. Duden, Band 11)
22	Haustiere-Puzzles	– Arbeitsblatt 22 – Lösungsblatt 22 – 5 Puzzles mit je 6 Teilen Die Puzzleteile auf festes Papier kopieren und laminieren, dann ausschneiden.

STATION:	FORM:	ZEIT:	KONTROLLE:	PFLICHT
1	Einzelarbeit	ca. 15 Minuten	Lösungsblatt	

THEMA:

Gemeinsame Merkmale der Säugetiere

MATERIALIEN:

- Informationstext 1
- Arbeitsblätter 1a und 1b

ANLEITUNG:

1. Lies den Informationstext aufmerksam durch.

2. Fülle die Arbeitsblätter aus.

Informationstext 1

Gemeinsame Merkmale der Säugetiere

Die Gruppe der Säugetiere (= Säuger) umfasst eine Vielzahl von Arten, die, obwohl sie die unterschiedlichsten Lebensräume und Erdteile besiedeln, eine Reihe gemeinsamer Merkmale besitzen. Aber wie immer gilt: Ausnahmen bestätigen die Regel! In Anpassung an die speziellen Anforderungen an den jeweiligen Lebensraum hat sich bei manchen Säugetierarten im Laufe der Evolution das eine oder andere Merkmal so stark zurückentwickelt, dass nichts mehr davon zu sehen ist.
Übrigens: Auch der Mensch gehört zur Gruppe der Säuge„tiere"!

Als Körpergerüst besitzen Säugetiere ein Innenskelett, das aus Knochen und Knorpeln besteht. Es wird in ein Kopf-, ein Rumpf- und ein Gliedmaßenskelett unterteilt. In der Regel besitzen Säugetiere vier Gliedmaßen (zwei Vorder- und zwei Hintergliedmaßen) mit je fünf Fingern bzw. Zehen. An die jeweilige Art der Fortbewegung, die für eine Säugetierart charakteristisch ist, sind die Gliedmaßen perfekt angepasst. So besitzt z. B. das Känguru zum Springen besonders kräftige Hinterbeine; der Wal hat hingegen seine Hintergliedmaßen völlig zurückentwickelt, seine Vordergliedmaßen bilden Flossen. Fledermäuse haben besonders lange Fingerknochen, zwischen denen die Flughäute zum Fliegen gespannt sind.
Neben den Säugetieren besitzen auch Fische, Reptilien, Amphibien und Vögel ein Innenskelett.

Säugetiere haben die Fähigkeit, ihre Körpertemperatur zu regulieren. Das bedeutet, dass sie durch besondere Stoffwechselvorgänge in der Lage sind, bei kalten und bei warmen Außentemperaturen eine gleich bleibende Körpertemperatur (meist ca. 36–37 °C) zu behalten. Man sagt, sie sind gleichwarm.
Um den Körper zu isolieren, besitzen sie ein Fell aus Woll- und Grannenhaaren. Bestimmte Säugetierarten haben ihr Fell allerdings zurückgebildet, weil es für sie überflüssig geworden ist – so z. B. die Wale, die im Wasser leben.

Zum Atmen besitzen Säugetiere Lungen, mit denen sie Sauerstoff aus der Luft aufnehmen können.

Ein weiteres, gemeinsames Merkmal der Säugetiere betrifft die Fortpflanzung. Säugetiere sind lebendgebärend: Das bedeutet, dass lebende Junge geboren werden. Im Gegensatz dazu stehen z. B. Reptilien, Vögel und Amphibien, die Eier legen, aus denen die Jungen schlüpfen. Aber auch hier gibt es eine Ausnahme! Das Schnabeltier ist ein Säugetier, obwohl es Eier legt.

Bei den Säugetieren werden die Jungen nach der Geburt von der Mutter gesäugt, d. h. sie trinken Muttermilch. Diese Eigenschaft hat den Säugetieren ihren Namen gegeben.

Arbeitsblatt 1a
Gemeinsame Merkmale der Säugetiere

Aufgabe:

Schreibe mit Hilfe des Informationstextes „Gemeinsame Merkmale der Säugetiere" einen kurzen Text zu jeder Abbildung.

Fortpflanzung:

_____

_____

_____

_____

Körperbedeckung, Körpertemperatur:

_____

_____

_____

Arbeitsblatt 1b
Gemeinsame Merkmale der Säugetiere

Skelett:

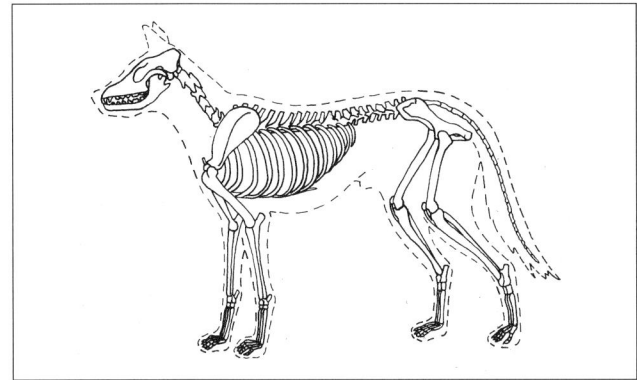 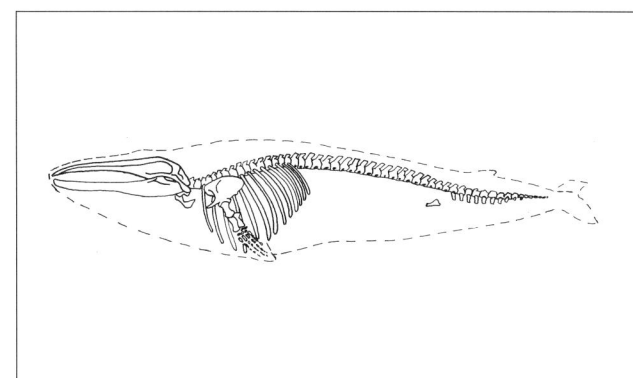

_____

_____

_____

_____

Atmung:

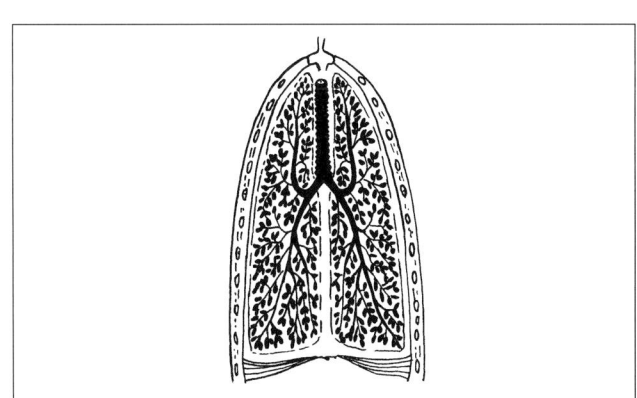

_____

_____

_____

_____

Lösungen Arbeitsblatt 1a/b
Gemeinsame Merkmale der Säugetiere

Aufgabe:

Schreibe mit Hilfe des Informationstextes „Gemeinsame Merkmale der Säugetiere" einen kurzen Text zu jeder Abbildung.

Fortpflanzung:

Säugetiere sind lebendgebärend, d. h. es werden lebende Junge geboren. Ausnahme: Das Schnabeltier legt Eier.
Die Jungen werden nach der Geburt von der Mutter gesäugt, sie trinken Muttermilch. Diese Eigenschaft hat den Säugetieren ihren Namen gegeben.

Körperbedeckung, Körpertemperatur:

Säugetiere haben die Fähigkeit, ihre Körpertemperatur zu regulieren. Sie haben bei kalten und bei warmen Außentemperaturen eine gleich bleibende Körpertemperatur von meist 36–37 °C. Um den Körper zu isolieren, besitzen sie ein Fell aus Woll- und Grannenhaaren.

Skelett:

Säugetiere besitzen als Körpergerüst ein Innenskelett aus Knochen und Knorpeln. Es wird in ein Kopf-, ein Rumpf- und ein Gliedmaßenskelett unterteilt. In der Regel besitzen Säugetiere zwei Vorder- und zwei Hintergliedmaßen mit je fünf Fingern bzw. Zehen.

Atmung:

Zum Atmen besitzen Säugetiere Lungen, mit denen sie Sauerstoff aus der Luft aufnehmen können.

STATION:	FORM:	ZEIT:	KONTROLLE:	PFLICHT
2	Einzelarbeit	20 Minuten	Lösungsblatt	

THEMA:

Vordergliedmaßen verschiedener Säugetiere

MATERIALIEN:

- Arbeitsblätter 2a und 2b
- ggf. Skelettmodelle verschiedener Säugetiergliedmaßen

ANLEITUNG:

Bearbeite die Arbeitsblätter!

Arbeitsblatt 2a
Vordergliedmaßen verschiedener Säugetiere

Aufgabe:

1. Ordne die auf dem Arbeitsblatt 2b abgebildeten Vordergliedmaßen folgenden Tieren zu:

>   **Fledermaus**
>
>   **Maulwurf**
>
>   **Hund**
>
>   **Pferd**
>
>   **Wal**

2. Vergleiche nun die verschiedenen Vordergliedmaßen mit dem Arm des Menschen. Beschrifte die einzelnen Knochen:

>   **Oberarmknochen**
>
>   **Elle und Speiche**
>
>   **Handwurzelknochen**
>
>   **Mittelhandknochen**
>
>   **Fingerglieder**

3. Überlege: Auf welche Art der Bewegung sind die jeweiligen Vorderextremitäten angepasst? Fülle das entsprechende Feld aus.

Arbeitsblatt 2b
Vordergliedmaßen verschiedener Säugetiere

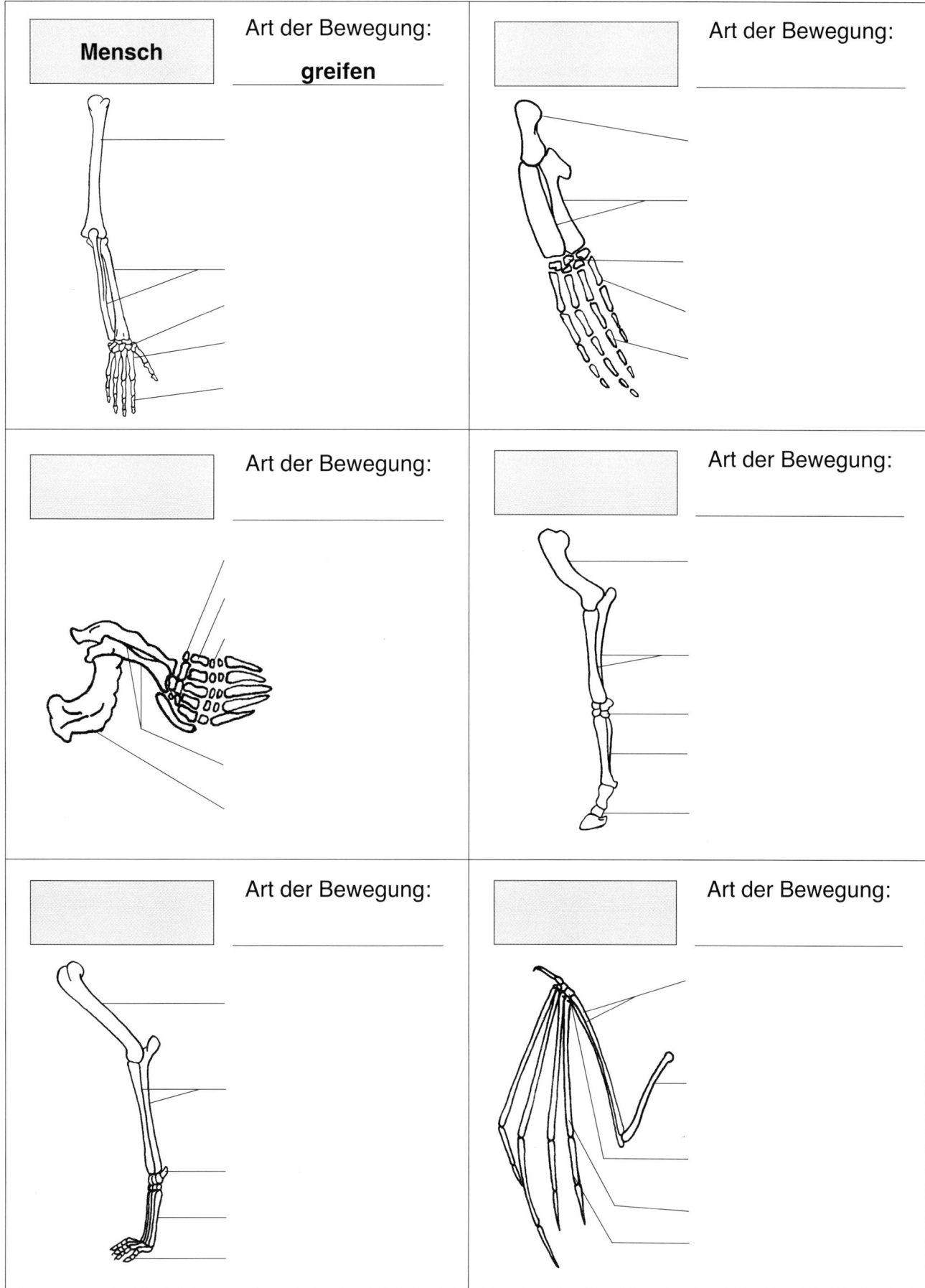

Mensch

Art der Bewegung:

greifen

Art der Bewegung:

Art der Bewegung:

Art der Bewegung:

Art der Bewegung:

Art der Bewegung:

Lösungen Arbeitsblatt 2b
Vordergliedmaßen verschiedener Säugetiere

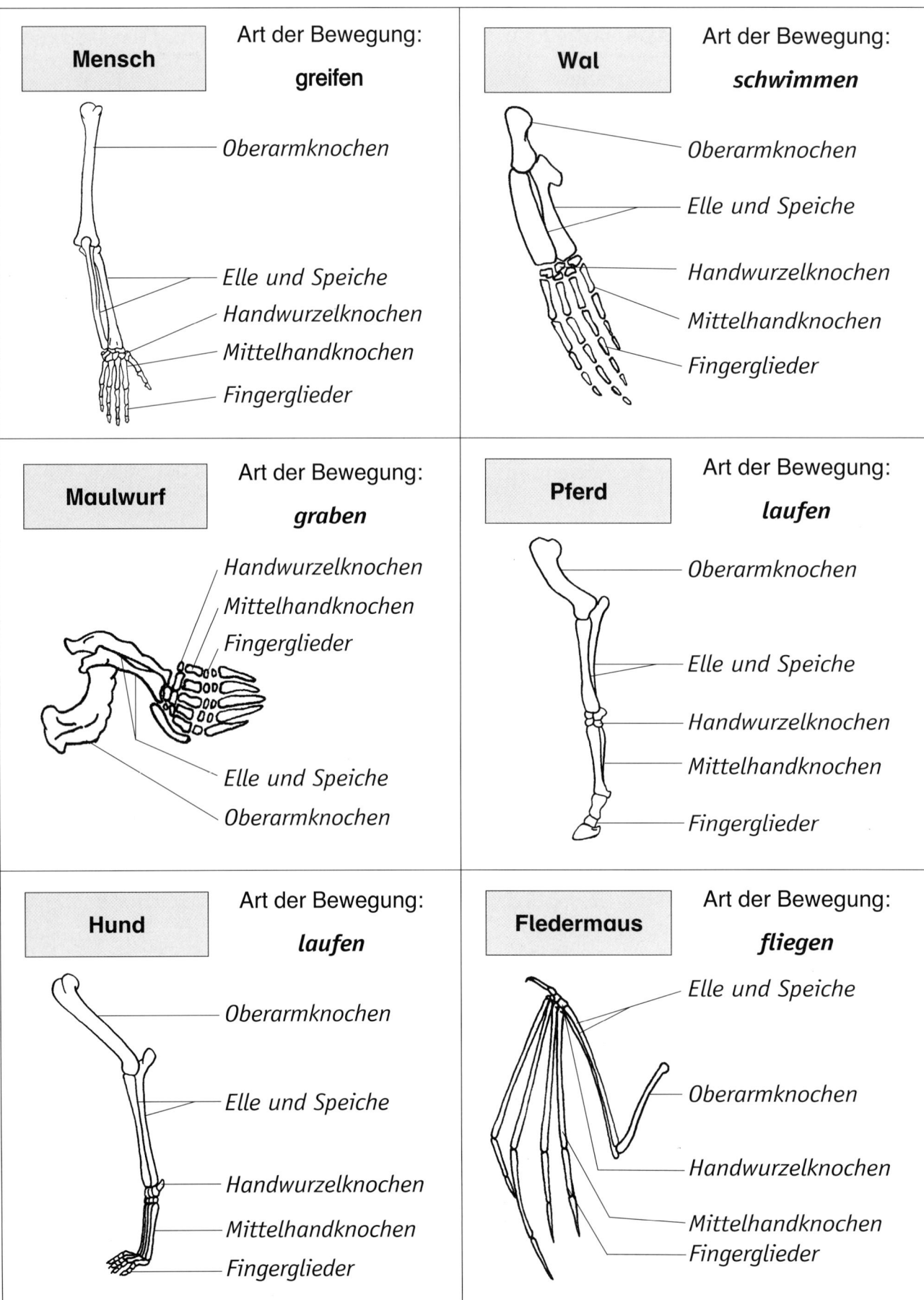

Mensch

Art der Bewegung:
greifen

Oberarmknochen

Elle und Speiche
Handwurzelknochen
Mittelhandknochen
Fingerglieder

Wal

Art der Bewegung:
schwimmen

Oberarmknochen

Elle und Speiche

Handwurzelknochen

Mittelhandknochen

Fingerglieder

Maulwurf

Art der Bewegung:
graben

Handwurzelknochen
Mittelhandknochen
Fingerglieder

Elle und Speiche
Oberarmknochen

Pferd

Art der Bewegung:
laufen

Oberarmknochen

Elle und Speiche

Handwurzelknochen

Mittelhandknochen

Fingerglieder

Hund

Art der Bewegung:
laufen

Oberarmknochen

Elle und Speiche

Handwurzelknochen
Mittelhandknochen
Fingerglieder

Fledermaus

Art der Bewegung:
fliegen

Elle und Speiche

Oberarmknochen

Handwurzelknochen

Mittelhandknochen
Fingerglieder

STATION:	FORM:	ZEIT:	KONTROLLE:	PFLICHT
3	Einzel- oder Partnerarbeit	20 Minuten	Lösungsblatt	

THEMA:

Nahrung und Gebiss verschiedener Säugetiere

MATERIALIEN:

- 24 Zuordnungskarten
- Buntstifte
- Arbeitsblätter 3a und 3b

ANLEITUNG:

1. Ordne die Karten! Jeweils vier gehören zusammen.
2. Fülle das Arbeitsblatt aus. Lies dazu den Text auf den Karten genau durch.

Arbeitsblatt 3a
Nahrung und Gebiss verschiedener Säugetiere

Aufgabe:

- Trage Tiernamen und Ernährungstypen ein.
- Male die **Schneidezähne gelb**, die **Eckzähne blau** und die **Backenzähne rot** an und notiere die typischen Merkmale der Zähne.
- Überlege anhand der Beispiele: Welche gemeinsamen Merkmale haben die Gebisse von Fleischfressern bzw. von Pflanzenfressern? Begründe!

1. Tier: _____

Ernährungstyp: _____

Schneidezähne: _____

Eckzähne: _____

Backenzähne: _____

2. Tier: _____

Ernährungstyp: _____

Schneidezähne: _____

Eckzähne: _____

Backenzähne: _____

3. Tier: _____

Ernährungstyp: _____

Schneidezähne: _____

Eckzähne: _____

Backenzähne: _____

Arbeitsblatt 3b
Nahrung und Gebiss verschiedener Säugetiere

4. Tier: _____

Ernährungstyp: _____

Schneidezähne: _____

Eckzähne: _____

Backenzähne: _____

5. Tier: _____

Ernährungstyp: _____

Schneidezähne: _____

Eckzähne: _____

Backenzähne: _____

6. Tier: _____

Ernährungstyp: _____

Schneidezähne: _____

Eckzähne: _____

Backenzähne: _____

Gemeinsame Merkmale der Gebisse von Fleischfressern:

_____

_____

Gemeinsame Merkmale der Gebisse von Pflanzenfressern:

_____

_____

Lösungen Arbeitsblatt 3a
Nahrung und Gebiss verschiedener Säugetiere

☐ Schneidezähne   ■ Eckzähne   ▨ Backenzähne

1. Tier: *Hund*

Ernährungstyp: *Fleischfressser, Räuber*

Schneidezähne: *klein*

Eckzähne: *= Fangzähne: lang, dolchartig*

Backenzähne: *kräftig und scharf; der größte*

ist der Reißzahn

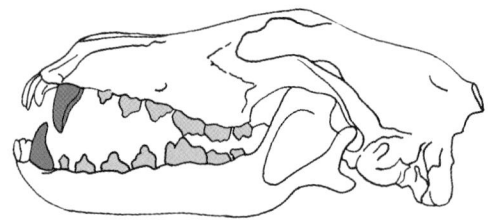

2. Tier: *Hausrind*

Ernährungstyp: *Pflanzenfresser (Vegetarier),*

Wiederkäuer

Schneidezähne: *fehlen im Oberkiefer*

Eckzähne: *fehlen*

Backenzähne: *breitkronig*

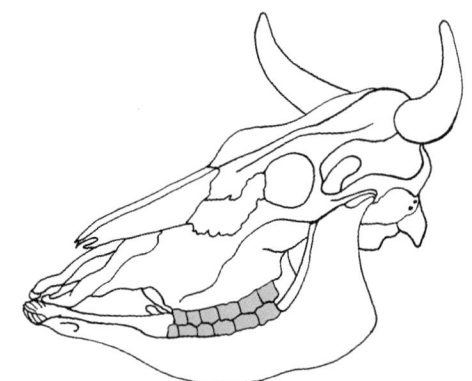

3. Tier: *Hausschwein*

Ernährungstyp: *Allesfresser (Fleisch- und*

Pflanzennahrung)

Schneidezähne: *schräg nach vorne gerichtet*

Eckzähne: *kräftig, besonders beim Männchen;*

untere Eckzähne = Hauer

Backenzähne: *vordere spitz, hintere breitkronig*

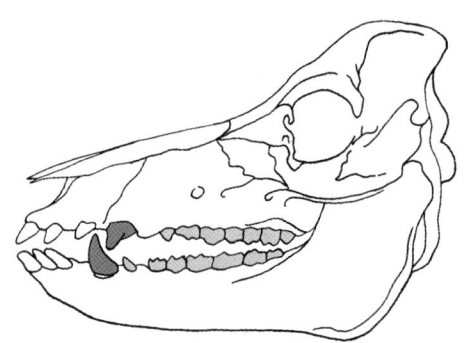

Lösungen Arbeitsblatt 3b
Nahrung und Gebiss verschiedener Säugetiere

4. Tier: *Pferd (♂)*

Ernährungstyp: *Pflanzenfresser (Vegetarier),*

kein Wiederkäuer

Schneidezähne: *schräg nach vorne gerichtet*

Eckzähne: *klein, nur beim Männchen vorhanden*

Backenzähne: *breitkronig*

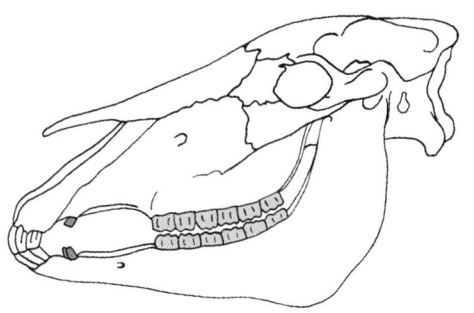

5. Tier: *Kaninchen*

Ernährungstyp: *Pflanzenfresser (Vegetarier),*

Nagetier

Schneidezähne: *= Nagezähne: lang, scharf*

Eckzähne: *fehlen*

Backenzähne: *breitkronig*

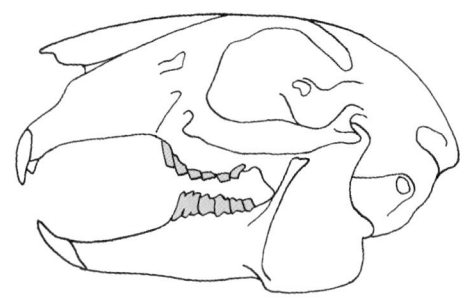

6. Tier: *Hauskatze*

Ernährungstyp: *Fleischfresser, Räuber*

Schneidezähne: *klein*

Eckzähne: *= Fangzähne: lang und scharf*

Backenzähne: *scharf und spitz, der größte*

ist der Reißzahn

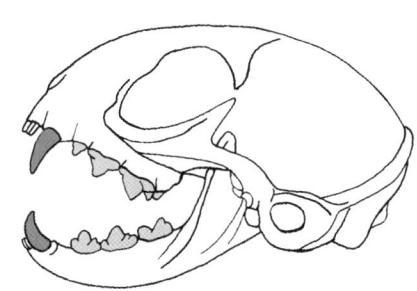

Gemeinsame Merkmale der Gebisse von Fleischfressern:

kleine Schneidezähne; lange, spitze Eckzähne; Backenzähne kräftig und scharf:

Fleischfresser brauchen spitze Eckzähne zum Fangen und Töten ihrer Beute;

ihre Backenzähne müssen zum Zerschneiden der Fleischnahrung befähigen.

Gemeinsame Merkmale der Gebisse von Pflanzenfressern:

Eckzähne fehlen meistens, die Backenzähne sind breitkronig und dienen dem

Zermahlen der Pflanzennahrung.

Zuordnungskarten 3
Nahrung und Gebiss verschiedener Säugetiere

1.	**HUND**	**PFERD**	4.
2.	**HAUSRIND**	**KANINCHEN**	5.
3.	**HAUSSCHWEIN**	**HAUSKATZE**	6.

Zuordnungskarten 3
Nahrung und Gebiss verschiedener Säugetiere

1.	**Schneidezähne:** klein **Eckzähne = Fangzähne:** lang, dolchartig **Backenzähne:** kräftig und scharf; der größte ist der Reißzahn	**Schneidezähne:** schräg nach vorne gerichtet **Eckzähne:** klein, nur beim Männchen vorhanden **Backenzähne:** breitkronig **4.**
2.	**Schneidezähne:** fehlen im Oberkiefer **Eckzähne:** fehlen **Backenzähne:** breitkronig	**Schneidezähne = Nagezähne:** lang, scharf **Eckzähne:** fehlen **Backenzähne:** breitkronig **5.**
3.	**Schneidezähne:** schräg nach vorne gerichtet **Eckzähne:** kräftig, besonders beim Männchen; untere Eckzähne = Hauer **Backenzähne:** vordere spitz, hintere breitkronig	**Schneidezähne:** klein **Eckzähne = Fangzähne:** lang und scharf **Backenzähne:** scharf und spitz, der größte ist der Reißzahn **6.**

1.	**Ernährungstyp:** Fleischfresser, Räuber	**Ernährungstyp:** Pflanzenfresser (Vegetarier), kein Wiederkäuer **4.**
2.	**Ernährungstyp:** Pflanzenfresser (Vegetarier), Wieder- käuer	**Ernährungstyp:** Pflanzenfresser (Vegetarier), Nagetier **5.**
3.	**Ernährungstyp:** Allesfresser (Fleisch- und Pflanzennahrung)	**Ernährungstyp:** Fleischfresser, Räuber **6.**

STATION: 4	FORM: Partnerarbeit	ZEIT: ca. 30 Minuten	KONTROLLE: Lösungsblatt	PFLICHT

THEMA:

Säugetiere Europas

MATERIALIEN:

- 30 Fotokarten
- 30 Karten mit Tiernamen
- 14 Eigenschaftskarten pro Person
- Tierlexikon
- Arbeitsblatt 4

ANLEITUNG:

Bei den folgenden Aufgaben könnt ihr ein Tierlexikon zu Hilfe nehmen!

1. Ordnet jeder Bildkarte die richtige Namenskarte zu.

2.
> **Information:**
>
> Alle Tier**arten** werden nach ihren Merkmalen und ihrer Abstammung in einem Verwandtschaftssystem geordnet. Sie werden in so genannten **Familien** und bestimmte Familien wiederum in **Ordnungen** zusammengefasst.

Hier sind einige Säugetierordnungen aufgeführt.

Raubtiere – Nagetiere – Hasenartige – Insektenfresser –
Fledertiere – Paarhufer – Unpaarhufer

Ordnet die Tiere zu.
Achtung: Nicht zu jeder Tierordnung gibt es gleich viele Tierarten in der
          Sammlung!

3. Ordnet auf dem Arbeitsblatt jeder Säugetierordnung jeweils zwei Eigenschaftskarten zu und klebt sie ein. Tragt dann die Tiernamen in die richtige Tabellenzeile ein.

Arbeitsblatt 4
Säugetiere Europas

Säugetierordnung	charakteristische Eigenschaften der Vertreter einer Ordnung		Beispiele
Raubtiere			
Nagetiere			
Hasenartige			
Insektenfresser			
Fledertiere			
Paarhufer			
Unpaarhufer			

Lösungen Arbeitsblatt 4
Säugetiere Europas

Säugetierordnung	charakteristische Eigenschaften der Vertreter einer Ordnung		Beispiele
Raubtiere	überwiegend Beute-jäger	haben dolchartige Eck- oder Fang-zähne	Iltis, Braunbär, Dachs, Baummarder, Wildkatze, Luchs, Fischotter, Wolf, Rot-fuchs, Siebenschläfer
Nagetiere	haben oben und un-ten jeweils zwei kräf-tige Schneidezähne, die ständig nach-wachsen	kauen auf- und abwärts	Biber, Waldmaus, Eichhörnchen, Haus-maus
Hasenartige	haben oben und unten jeweils zwei kräftige Schneide-zähne	kauen seitwärts	Feldhase, Wildka-ninchen, Schnee-hase
Insektenfresser	kleine Tiere (größte Arten sind kanin-chengroß) mit spitzen Zähnen	ernähren sich von Insekten und Würmern	Igel, Maulwurf, Hausspitzmaus
Fledertiere	besitzen Flughäute	europäische Arten sind nachtaktiv und orientieren sich über ein sog. Echolot-system	Mausohr
Paarhufer	Pflanzenfresser, teils Wiederkäuer, teils keine Wiederkäuer	haben Füße mit je 4 huftragenden Zehen	Mufflon, Gämse, Alpensteinbock, Wisent, Wildschwein, Reh, Rothirsch, Elch
Unpaarhufer	nicht wiederkäuende Pflanzenfresser	haben Füße mit nur einer huftragenden Zehe	Hausesel

Eigenschaftskarten 4
Säugetiere Europas

überwiegend Beutejäger	haben dolchartige Eck- oder Fangzähne
haben oben und unten jeweils zwei kräftige Schneidezähne, die ständig nachwachsen	kauen auf- und abwärts
haben oben und unten jeweils zwei kräftige Schneidezähne	kauen seitwärts
kleine Tiere (größte Arten sind kaninchengroß) mit spitzen Zähnen	ernähren sich von Insekten und Würmern
besitzen Flughäute	europäische Arten sind nachtaktiv und orientieren sich über ein sog. Echolotsystem
Pflanzenfresser, teils Wiederkäuer, teils keine Wiederkäuer	haben Füße mit je 4 huftragenden Zehen
nicht wiederkäuende Pflanzenfresser	haben Füße mit nur einer huftragenden Zehe

Tiernamenskarten 4a
Säugetiere Europas

ILTIS	BRAUNBÄR	DACHS
BAUMMARDER	WILDKATZE	LUCHS
FISCHOTTER	WOLF	ROTFUCHS
SIEBENSCHLÄFER	BIBER	WALDMAUS
EICHHÖRNCHEN	HAUSMAUS	FELDHASE

Tiernamenskarten 4b
Säugetiere Europas

WILDKANINCHEN	SCHNEEHASE	IGEL
MAULWURF	HAUSSPITZMAUS	**MAUSOHR** (Fledermaus)
MUFFLON (Stammform des Hausschafs)	GÄMSE	ALPENSTEINBOCK
WISENT	WILDSCHWEIN	REH
ROTHIRSCH	ELCH	HAUSESEL

37

STATION:	FORM:	ZEIT:	KONTROLLE:	PFLICHT
5	Partner- oder Gruppenarbeit (3)	ca. 30 Minuten	Lösungsblatt	

THEMA:

Säugetier-Domino

MATERIALIEN:

- Domino-Spiel (25 Karten)
- Arbeitsblatt 5

ANLEITUNG:

1. Lest den Text auf den Dominokarten laut vor und überlegt, welcher Text zu welchem Tier gehört (zu jedem Tier passen vier Texte). Ihr erfahrt dabei, wie sich Tiere an ihre verschiedenen Lebensräume oder Lebensweisen anpassen: Leben in Trockengebieten – Leben im Wasser – Leben in der Luft – Leben unter der Erde – Leben im ewigen Eis – Leben im Gebirge.

2. Füllt das Arbeitsblatt aus!

3. Spielt das Domino!

Spielregeln:

Die Dominokarten werden verdeckt auf den Tisch gelegt und gemischt. Verteilt wird nach der Anzahl der Spieler:
2 Spieler – je 8 Karten
3 Spieler – je 6 Karten
Eine Karte wird aufgedeckt auf den Tisch gelegt, die restlichen Karten bleiben verdeckt im Stapel liegen.
Zu den Tiernamen muss immer ein passender Text angefügt werden. Ausnahme: Doppel-Tiernamenkarten dürfen an beiden Seiten sowohl an Tiernamen als auch an Text angrenzen.
Es wird gewürfelt. Der Spieler mit der kleinsten Augenzahl beginnt, dann geht es im Uhrzeigersinn reihum. Jeder Spieler kann so lange anlegen, bis er keine passenden Karten mehr hat. Dann kommt der nächste Spieler dran usw.
Hat ein Spieler keine passende Karte, muss er eine der verdeckten Karten aufheben. Wenn es möglich ist, kann er diese und ggf. noch weitere Karten anlegen, ansonsten ist der nächste Spieler an der Reihe.
Sieger ist, wer als Erster alle seine Karten abgelegt hat.

Arbeitsblatt 5
Säugetier-Domino

Aufgabe:

Lies die Domino-Karten durch und notiere die Anpassungsmerkmale der Tiere an ihre Lebensräume bzw. Lebensweisen.

1. Kamel – Leben in Trockengebieten:

_____
_____
_____
_____
_____
_____

2. Fledermaus – Leben in der Luft:

_____
_____
_____
_____
_____
_____

3. Maulwurf – Leben unter der Erde:

_____
_____
_____
_____

4. Eisbär – Leben am Nordpol:

_____
_____
_____
_____

5. Murmeltier – Leben im Gebirge:

_____
_____
_____
_____
_____

Lösungen Arbeitsblatt 5
Säugetier-Domino

Anpassungsmerkmale an Lebensräume bzw. Lebensweisen:

1. Kamel – Leben in Trockengebieten:

– Hornschwielen an den Füßen zum Schutz vor der Gluthitze des Sandes
– kann Zeiten mit extrem wenig Wasser überdauern
– speichert im Höcker Fett, das bei Wasserknappheit Wasser freisetzen kann
– verschließbare Nasenöffnungen, behaarte Ohreingänge und dichte Wimpern zum Schutz der Sinnesorgane vor Staub und Treibsand

2. Fledermaus – Leben in der Luft:

– Knochen der Vorderextremitäten extrem dünn; zwischen Fingern, Körper, Füßen und Schwanz sind Flughäute gespannt
– kann auf seinen nächtlichen Flügen durch Echo-Ortung seine Beute lokalisieren
– ernährt sich (meist) von fliegenden Insekten
– Brustmuskulatur sehr stark ausgeprägt

3. Maulwurf – Leben unter der Erde:

– hat schaufelförmig verbreiterte Vorderextremitäten zum Graben
– hat einen walzenförmigen Körper
– ist blind, hat aber einen guten Geruchs- und Tastsinn
– besitzt sowohl an der Schnauze als auch am Schwanz Sinneshaare

4. Eisbär – Leben am Nordpol:

– besitzt unter seinem weißen Fell eine dicke Fettschicht
– dichtes weißes Fell zum Schutz vor Kälte
– frisst vorwiegend Fische und Robben
– ist durch sein weißes Fell in seinem Lebensraum gut getarnt

5. Murmeltier – Leben im Gebirge:

– überdauert den langen Winter in Erdbauten
– kann sich im kurzen Sommer große Fettreserven anfressen
– kann während des Winterschlafs den Energieverbrauch auf ein Zehntel herabsetzen
– überwintert im Familienverband, die Tiere halten sich so gegenseitig warm

Dominokarten 5
Säugetier-Domino

Eisbär	Hornschwielen an den Füßen zum Schutz vor der Gluthitze des Sandes	**Murmeltier**	Knochen der Vorderextremitäten sind extrem dünn; zwischen Fingern, Körper, Füßen und Schwanz sind Flughäute gespannt
Eisbär	ernährt sich (meist) von fliegenden Insekten	**Murmeltier**	frisst vorwiegend Fische und Robben
Eisbär	ist blind, hat aber einen guten Geruchs- und Tastsinn	**Murmeltier**	speichert im Höcker Fett, das bei Wasserknappheit Wasser freisetzen kann
Eisbär	überwintert im Familienverband; die Tiere halten sich so gegenseitig warm	**Murmeltier**	hat schaufelförmig verbreiterte Vorderextremitäten zum Graben
Eisbär	**Eisbär**	**Murmeltier**	**Murmeltier**
Maulwurf	verschließbare Nasenöffnungen, behaarte Ohreingänge und dichte Wimpern zum Schutz der Sinnesorgane vor Staub und Treibsand	**Maulwurf**	besitzt ein dichtes weißes Fell zum Schutz vor Kälte

Dominokarten 5
Säugetier-Domino

Maulwurf	Brustmuskulatur sehr stark ausgeprägt	Maulwurf	überdauert den langen Winter in Erdbauten
Fledermaus	ist durch sein weißes Fell in seinem Lebensraum gut getarnt	Kamel	besitzt unter seinem weißen Fell eine dicke Fettschicht
Fledermaus	kann sich im kurzen Sommer große Fettreserven anfressen	Kamel	hat einen walzenförmigen Körper
Fledermaus	besitzt sowohl an der Schnauze als auch am Schwanz Sinneshaare	Kamel	kann auf seinen nächtlichen Flügen durch Echo-Ortung seine Beute lokalisieren
Fledermaus	kann Zeiten mit extrem wenig Wasser überdauern	Kamel	kann während des Winterschlafs den Energieverbrauch auf ein Zehntel herabsetzen
Fledermaus	Fledermaus	Kamel	Kamel

Dominokarten 5
Säugetier-Domino

Maulwurf	Maulwurf		

STATION:	FORM:	ZEIT:	KONTROLLE:	PFLICHT
6	Partner- oder Gruppenarbeit (4)	ca. 20 Minuten	Lösungsblatt	

THEMA:

Säugetiere und Kontinente – außereuropäische Säugetiere

MATERIALIEN:

- 4 Kontinentkarten
- 24 Fotokarten
- 24 Beschreibungskarten
- ggf. Tierlexikon und Atlas/Weltkarte
- Arbeitsblatt 6

ANLEITUNG:

1. Legt die 4 Kontinentkarten aus und versucht nun, die Bildkarten dem Vorkommen des dargestellten Tieres entsprechend richtig zuzuordnen. (Zu jedem Kontinent gibt es 6 Tierkarten.)
   Hierzu könnt ihr ein Tierlexikon und/oder die Beschreibungskarten zu Hilfe nehmen.

2. Prüft euer Ergebnis anhand des Lösungsblattes und füllt dann das Arbeitsblatt aus.

Information:

Für dieses Spiel wurden Tiere ausgewählt, die jeweils nur auf **einem** Kontinent in freier Wildbahn zu finden sind.
Allerdings gibt es eine Vielzahl von Säugetieren, die auf mehreren Kontinenten zu Hause sind. Kennt ihr ein paar Beispiele?

Arbeitsblatt 6
Säugetiere und Kontinente

Kontinent	Tier
AFRIKA	
AUSTRALIEN	
ASIEN	
AMERIKA	

Lösungen Arbeitsblatt 6
Säugetiere und Kontinente

Kontinent	Tier
AFRIKA	Giraffe Löwe Zebra Gepard Schimpanse Afrikanischer Elefant
AUSTRALIEN	Rotes Riesenkänguru Koala Fuchskusu Schnabeligel Bennetts Wallaby Dingo
ASIEN	Indischer Elefant Orang-Utan Großer Panda Tiger Indisches Panzernashorn Schneeleopard
AMERIKA	Faultier Großer Ameisenbär Neunbindengürteltier Grizzly Bison Jaguar

Kontinentkarten 6
Säugetiere und Kontinente

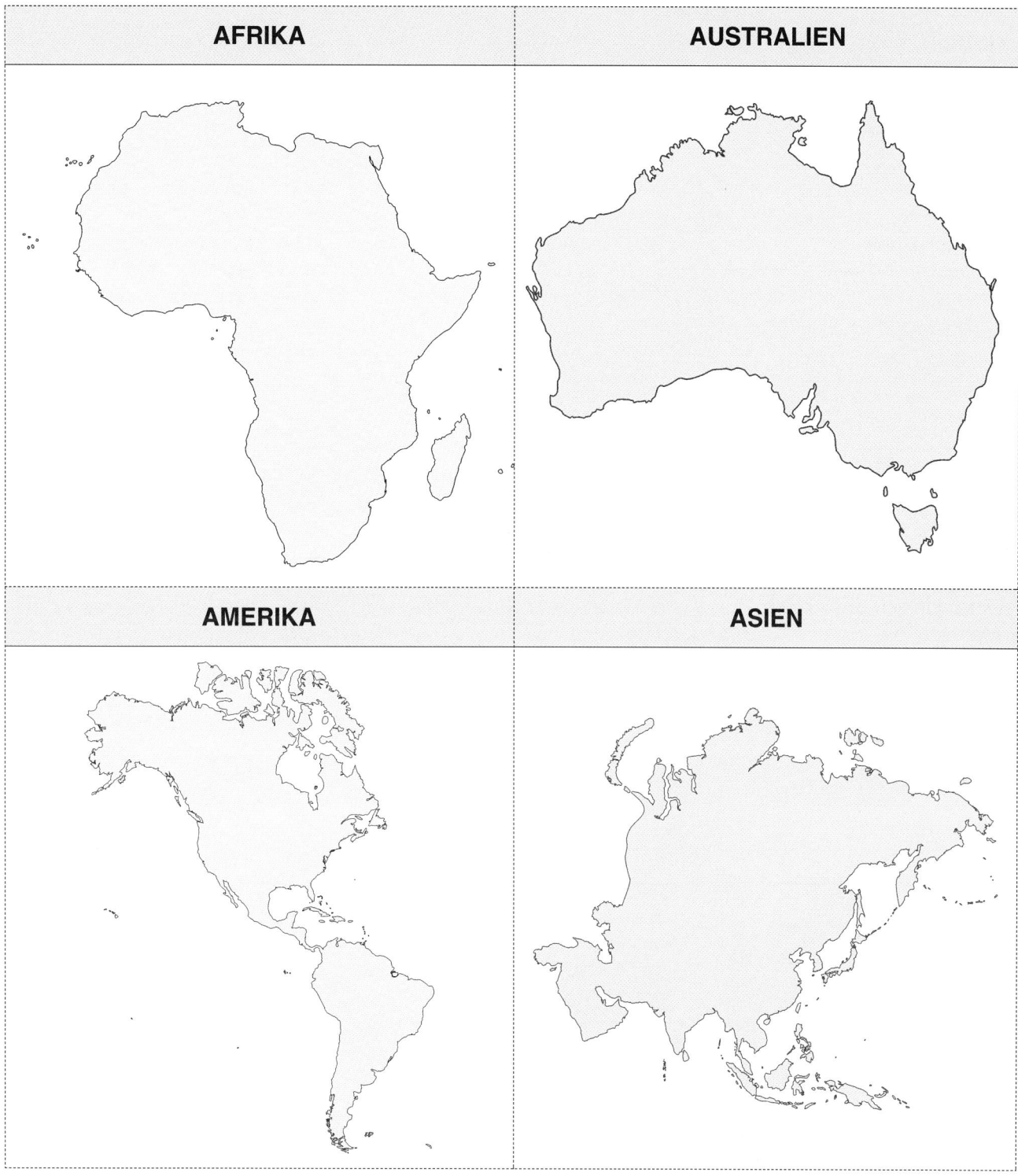

AFRIKA	AUSTRALIEN
AMERIKA	ASIEN

Beschreibungskarten 6a
Säugetiere und Kontinente

Giraffe

Paarhufer der afrikanischen Savanne; lebt in Herden; besitzt Stelzbeine und am Kopf mit Haut überzogene, knöcherne Stirnzapfen; frisst Triebe und Blätter, erreicht mit dem langen Hals auch die Baumkronen.
Es gibt verschiedene Giraffenarten, die sich u. a. in ihrer Fellzeichnung unterscheiden.

Löwe

Katzenartiges Raubtier der afrikanischen Savanne, das in Familiengruppen lebt; Männchen mit prächtiger Mähne, wird „König der Tiere" genannt; auf Jagd gehen allerdings fast nur die Weibchen!

Zebra

Unpaarhufer, in mehreren Arten vertreten; Pflanzenfresser; lebt in Herden in den Steppen und Buschlandschaften Afrikas, häufig zusammen mit anderen Steppentieren wie z. B. Giraffen, Gnus oder Antilopen; kennzeichnend ist schwarz-weiß gestreiftes Fell; Muster bei jedem Tier unterschiedlich.

Gepard

Katzenartiges Raubtier mit schwarz geflecktem Fell; das schnellste Säugetier, kann eine Geschwindigkeit von bis zu 115 km/h erreichen; Hetzjäger, lebt in offenen Grasländern Afrikas.

Schimpanse

Menschenaffe aus Afrika; lebt in Horden; vorwiegend Bodenbewohner, aber dennoch guter Kletterer; frisst tierische und pflanzliche Nahrung; verwendet Werkzeuge (z. B. Äste zum Angeln von Termiten).

Afrikanischer Elefant

Rüsseltier Afrikas, Männchen und Weibchen besitzen Stoßzähne (→ Elfenbein);
lebt in Herden; ist mit bis zu ca. 4,5 m Höhe größer als sein asiatischer Verwandter, besitzt außerdem größere Ohren.

Rotes Riesenkänguru

Beuteltier Australiens, größte Känguru-Art; lebt in Rudeln und frisst Pflanzen; Hinterbeine sind kräftig (Sprungbeine), Vorderbeine viel kürzer; das winzige Junge wird im Beutel der Mutter gesäugt und wächst darin heran.

Koala

Nacht- und dämmerungsaktives Beuteltier Australiens; lebt in Eukalyptuswäldern, frisst fast ausschließlich die Blätter der Eukalyptusbäume; Junges wird nach Verlassen des Beutels noch lange auf dem Rücken der Mutter getragen.

Fuchskusu

Beuteltier Australiens, Tasmaniens und der benachbarten Inseln; Länge (einschl. Greifschwanz) bis zu 1 m; nachtaktiv und mit großen Augen; frisst Blätter, Blüten und Früchte; guter Kletterer; wolliges Fell, in der Färbung sehr variabel; weit verbreitet (Kulturfolger).

Schnabeligel

In mehreren Arten vertreten, die in Australien leben; bewohnt Wald-, Park- und Steppenlandschaften; Körper gedrungen, mit Stacheln; zahnlos; kleiner Kopf mit schnabelartiger Verlängerung, aus der die ca. 15 cm lange Zunge ausgeschleudert wird, um Insekten und andere Kleintiere zu fangen.

Bennetts Wallaby

Eine von mehreren Wallaby- (= Mittelkänguru-)Arten; lebt in Australien und Tasmanien; sehr häufige Känguru-Art; Männchen bis zu 1,5 m groß; wie bei allen Kängurus werden die Jungen im Bauchbeutel der Mutter getragen und gesäugt; wird in lockeren Gruppen oder einzeln angetroffen, frisst hauptsächlich Kräuter und Gräser.

Dingo

Lebt in Australien, ist aber keine dort ursprünglich einheimische Art, sondern eine ausgewilderte Form des Haushundes; wurde wahrscheinlich schon von ersten menschlichen Einwanderern nach Australien eingeschleppt.

Beschreibungskarten 6b
Säugetiere und Kontinente

Indischer Elefant

Rüsseltier, Männchen mit Stoßzähnen (→ Elfenbein); lebt in Herden in asiatischen Wäldern; frisst täglich bis zu 300 kg rein pflanzliches Futter; wird als Arbeitstier genutzt; unterscheidet sich von seinem afrikanischen Verwandten u. a. durch seine kleineren Ohren.

Orang-Utan

In den Regenwäldern Indonesiens beheimateter Menschenaffe; Baumbewohner mit langer, zottiger, rotbrauner Körperbehaarung; ernährt sich rein pflanzlich; lebt mehr oder weniger einzelgängerisch; stark bedroht!

Großer Panda

Bärenart, die in den Bambuswäldern Südchinas lebt und sich fast ausschließlich von Pflanzen ernährt; schwarz-weiße Fellzeichnung; stark bedroht!

Tiger

Katzenartiges Raubtier mit gestreiftem Fell; größte Katzenart, kann bis zu 2,8 m lang werden! Schleichjäger und Einzelgänger; in verschiedenen asiatischen Lebensräumen zu Hause; kann ausgezeichnet schwimmen und fischen.

Indisches Panzernashorn

In Grasländern Asiens beheimatete Nashornart mit einem einzigen Horn; Ernährung rein pflanzlich; durch deutlich sichtbare Falten ist die Haut in verschiedene Abschnitte unterteilt, was den Anschein weckt, dass das Tier einen Panzer umgehängt hat (Name!); stark bedroht!

Schneeleopard

Lebt im zentralasiatischen Hochgebirge in Höhen von 2000 m bis hin zur Schneegrenze; Fell sehr dick mit gräulich bis gelblicher Grundfärbung und weit auseinander stehenden, verwaschenen schwarzen Ringelflecken.

Faultier

Zahnarmes Säugetier der Regenwälder Südamerikas, von dem es derzeit noch 3 Arten gibt; hängt mit dem Rücken nach unten in Bäumen und bewegt sich nur langsam fort; besitzt 2–3 sichelförmige Krallen (je nach Art); frisst Früchte und Blätter; Tarnfarbe durch Grünalgen im Fell.

Großer Ameisenbär

Zahnarmes, bodenbewohnendes Säugetier der südamerikanischen Steppe; besitzt lange, röhrige Schnauze mit klebriger Zunge, mit der es Termiten und Ameisen aufnimmt; buschiger Schwanz und Grabklauen an den Vorderfüßen.

Neunbindengürteltier

Gepanzertes Säugetier; lebt in Süd-, Mittel- und im südlichen Nordamerika; kann sich bei Gefahr einrollen; Panzer besteht aus lederartigen Schuppen; gräbt mit kräftigen Krallen unterirdische Bauten; Allesfresser; heute gibt es noch ca. 20 Gürteltierarten.

Grizzly

Unterart des Braunbären; im Norden Amerikas beheimatet; Schulterhöhe bis zu ca. 1,5 m; graubraun gefärbtes Fell; Einzelgänger; lebt je nach Verfügbarkeit von pflanzlicher und von tierischer Nahrung; hervorragender Fischfänger; Bestand durch Jagd und Einschränkung des Lebensraumes gefährdet.

Bison

Paarhufer, lebte einst in riesigen Herden in den nordamerikanischen Prärien; für die einheimischen Indianer Nahrungsgrundlage und zur Gewinnung verschiedenster Materialien von Bedeutung; wurde im letzten Jahrhundert von den weißen Siedlern fast ausgerottet, um den Ureinwohnern gezielt die Lebensgrundlage zu entziehen.

Jaguar

Katzenartiges Raubtier mit rosettenartig geflecktem Fell und kurzen, kräftigen Beinen; kann hervorragend klettern und schwimmen; jagt größere Wirbeltiere; lebt in Wassernähe, vom Süden der USA bis Südamerika.

STATION: 7	FORM: Grupppenarbeit (3–4)	ZEIT: ca. 30 Minuten	KONTROLLE: Lösungsblatt	WAHL

THEMA:

Würfelspiel „Der Rotfuchs"

MATERIALIEN:

- 1 Spielplan
- 1 Würfel, 4 Spielsteine
- 8 Fragekarten, 8 Ereigniskarten
- Informationstext 7
- Arbeitsblatt 7

ANLEITUNG:

1. Lies den Informationstext „Der Rotfuchs" genau durch und beantworte die Fragen auf dem Arbeitsblatt.
2. Spiele das Würfelspiel. Beachte die Spielregeln!

Spielregeln:

Die Frage- und Ereigniskarten werden gemischt und mit der Schrift nach unten in zwei Stapeln aufgelegt. Jeder Spieler würfelt einmal. Der Spieler mit der höchsten Zahl beginnt.

- Kommt ein Spieler auf ein **Fragefeld** (🐾), hebt der Spieler vor ihm eine Fragekarte auf und liest die Frage laut vor. Kann der Spieler sie richtig beantworten, darf er drei Felder vorrücken. Kann er die Frage nicht richtig beantworten, muss er fünf Felder zurücksetzen.
- Kommt ein Spieler auf ein **Ereignisfeld** (🦊), hebt er selbst eine Ereigniskarte auf und liest sie laut vor. Er muss die Anordnungen, die auf der Karte stehen, befolgen.

Sind alle Karten einmal an der Reihe gewesen, ohne dass das Spiel zu Ende ist, werden sie neu gemischt.

Sieger ist, wer als Erster das Ziel erreicht.

Der Rotfuchs

Rotfüchse haben relativ kurze Beine, eine lange, schmale Schnauze, aufrecht stehende, dreieckige Ohren, ein dichtes Fell und einen langen, buschigen Schwanz. Die Fellfarbe ist sehr variabel: Zumeist ist sie oberseits rostrot oder rotbraun und mit hellen Haarspitzen durchsetzt.

Der Rotfuchs ist dämmerungs- und nachtaktiv. Seine Beuteliste ist umfangreich: Er verzehrt Kleinsäuger und Vögel, aber auch Schnecken, Vogeleier, Früchte, große Insekten und Aas.

Er jagt allein statt im Rudel: Dabei pirscht er sich an die Beute heran und springt sie zielsicher an. Er ist auch ein flinker, wendiger Läufer und kann eine Geschwindigkeit von nahezu 50 km/h erreichen.

Sein Verbreitungsgebiet erstreckt sich über Europa, Nord- und Zentralasien, Nordamerika und -afrika. Er bevorzugt deckungsreiche Waldgebiete; seine große Wachsamkeit, sein ausgeprägter Geruchssinn, sein hervorragendes Gehör und die scharfen Augen ermöglichen es ihm aber auch, in der Nähe menschlicher Siedlungen zu leben, ohne aufzufallen.

Der Mittelpunkt seines 30 bis 1300 ha großen Reviers ist sein Bau aus tiefen, verzweigten Gängen und mehreren Kesseln. Die Ausgänge liegen oft weit voneinander entfernt.

Die Paarungszeit der Füchse, auch als Ranzzeit bezeichnet, ist im Hochwinter. Es folgt eine Tragzeit von 49 bis 56 Tagen, nach der die Füchsin (= Fähe) in ihrem unterirdischen Bau vier bis sechs Junge wirft. Jungfüchse sind bei ihrer Geburt maulwurfgroß und blind; sie werden etwa drei Wochen von der Mutter gesäugt, bis sie den Bau erstmals verlassen. Bis zum Herbst verlassen sie dann das Territorium oder werden daraus vertrieben.

Man nimmt an, dass Rotfüchse ihr Leben lang mit demselben Partner zusammenbleiben. Oft beteiligen sich die Männchen (= Rüden) an der Versorgung der Jungen. Die maximale Lebenserwartung liegt bei ungefähr zwölf Jahren.

Obwohl der Rotfuchs in unseren Kulturlandschaften die ungestörte Massenvermehrung von Mäusen und anderen Ackerschädlingen eindämmt, wird er aus mehreren Gründen vom Menschen verfolgt: zum einen deshalb, weil er Hausgeflügel und Jagdwild erbeutet, zum anderen, weil er besonders anfällig für die auf Menschen und Haustiere übertragbare Tollwut ist.

Arbeitsblatt 7
Der Rotfuchs

Aufgabe:

Beantworte anhand des Informationstextes „Der Rotfuchs" folgende Fragen:

1. Wie jagt ein Rotfuchs seine Beute?

_____

2. Was frisst ein Rotfuchs?

_____

_____

3. Wie viele Junge bekommt die Füchsin in einem Wurf?

_____

4. Wie ist der Bau eines Rotfuchses gestaltet?

_____

_____

5. Wo leben Rotfüchse?

_____

_____

_____

6. Welche gefährliche Krankheit kann der Rotfuchs durch einen Biss auf den Menschen und auf Haustiere übertragen?

_____

7. Warum wird der Rotfuchs häufig vom Menschen verfolgt?

_____

_____

8. Wann paaren sich Rotfüchse?

_____

Lösungen Arbeitsblatt 7
Der Rotfuchs

1. Wie jagt ein Rotfuchs seine Beute?

Er pirscht sich an die Beute heran und springt sie zielsicher an.

2. Was frisst ein Rotfuchs?

Er verzehrt Kleinsäuger und Vögel, Schnecken, Vogeleier, Früchte, große Insekten und Aas.

3. Wie viele Junge bekommt die Füchsin in einem Wurf?

Sie bekommt vier bis sechs Junge.

4. Wie ist der Bau eines Rotfuchses gestaltet?

Er liegt in der Mitte des Reviers und besteht aus tiefen, verzweigten Gängen und mehreren Kesseln. Die Ausgänge liegen oft weit voneinander entfernt.

5. Wo leben Rotfüchse?

Rotfüchse leben in Europa, Nord- und Zentralasien, Nordamerika und -afrika. Sie bevorzugen deckungsreiche Waldgebiete, kommen aber auch in der Nähe menschlicher Siedlungen vor.

6. Welche gefährliche Krankheit kann der Rotfuchs durch einen Biss auf den Menschen und auf Haustiere übertragen?

Er kann die Tollwut übertragen.

7. Warum wird der Rotfuchs häufig vom Menschen verfolgt?

Er wird verfolgt, weil er Hausgeflügel und Jagdwild erbeutet und weil er als Tollwutüberträger auf Menschen und Haustiere gilt.

8. Wann paaren sich Rotfüchse?

Sie paaren sich im Winter.

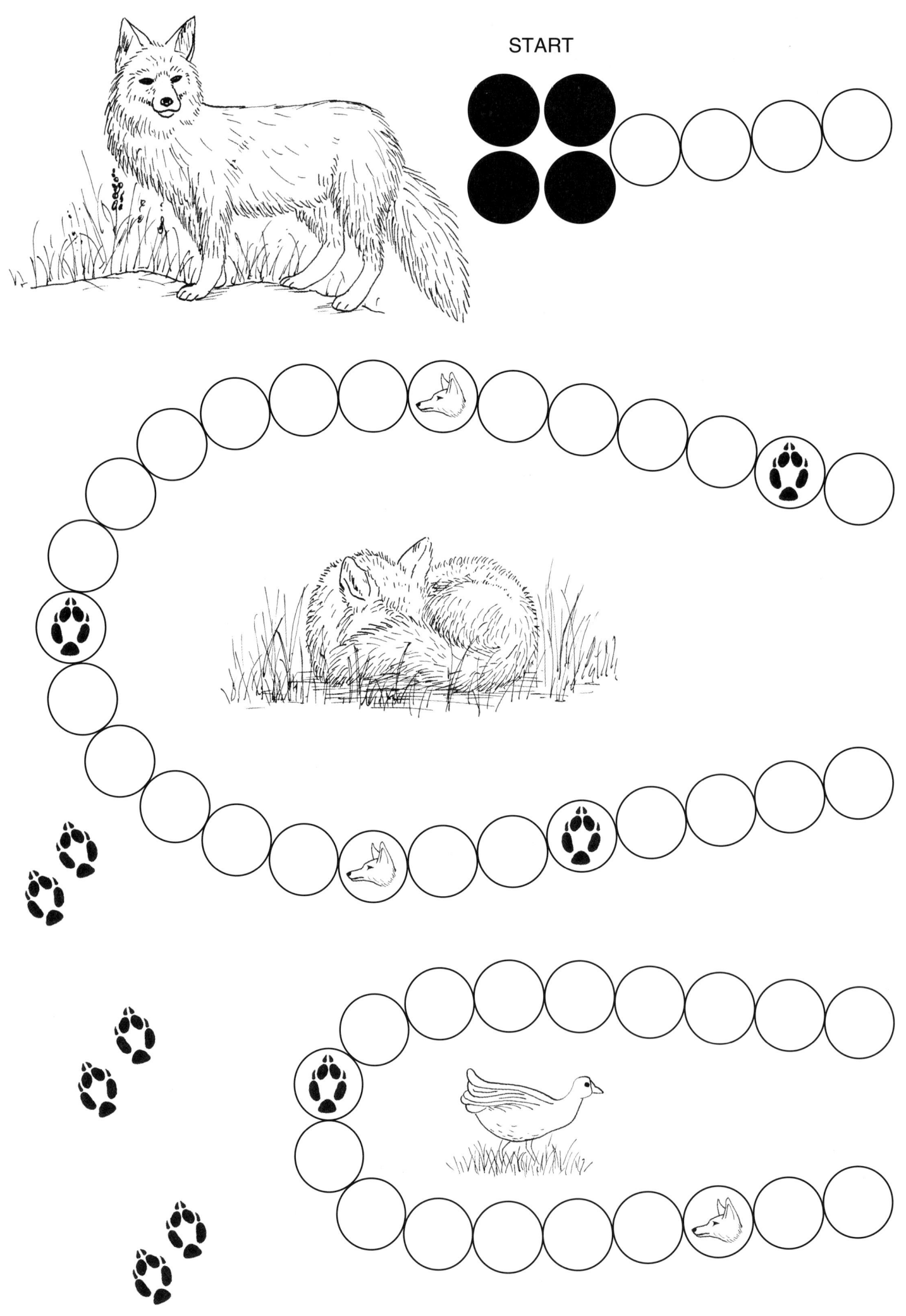

START

54

ZIEL

55

Ereigniskarten 7
Der Rotfuchs

Durch den Verzehr ungewaschener Wald-früchte wie z. B. Heidel- oder Himbeeren kann es zu einer gefährlichen Infektion mit dem Fuchsbandwurm kommen: einem Parasiten, der durch den Rotfuchs über-tragen wird.

Gehe zurück zum Start!

Vor Tollwut kann man sich allgemein schützen, indem man sich von auffällig zahmen Wildtieren (z. B. zutraulichen Rotfüchsen) fernhält.

Würfle noch einmal!

Vor allem früher wurde der Rotfuchs seines schönen Fells wegen vom Menschen be-jagt.

Gehe 3 Felder zurück!

Als Aasvertilger und Jäger oft kranker und geschwächter Tiere können Füchse mög-liche Seuchenherde im Keim ersticken.

Rücke 3 Felder vor!

In Deutschland werden nach Angaben der Jagdverbände jährlich über 600 000 Füchse getötet, in England sind es (einschl. der Fuchsjagd mit Pferden und Hundemeuten) über 200 000.

Setze einmal aus!

Füchse sind recht schnell. Sie können über kurze Strecken eine Geschwindigkeit von bis zu 55 km/h erreichen!

Würfle noch einmal!

Einige Untersuchungen haben ergeben, dass die Fuchsjagd nicht geeignet zu sein scheint, die Tollwutausbreitung einzu-dämmen.

Setze 1 Runde aus!

Ein hervorragender Gehör- und Geruchs-sinn sowie die an die Dunkelheit ange-passten Augen machen den Rotfuchs zum scharfsinnigen, nächtlichen Jäger.

Rücke 3 Felder vor!

Rückseiten Ereigniskarten 7
Der Rotfuchs

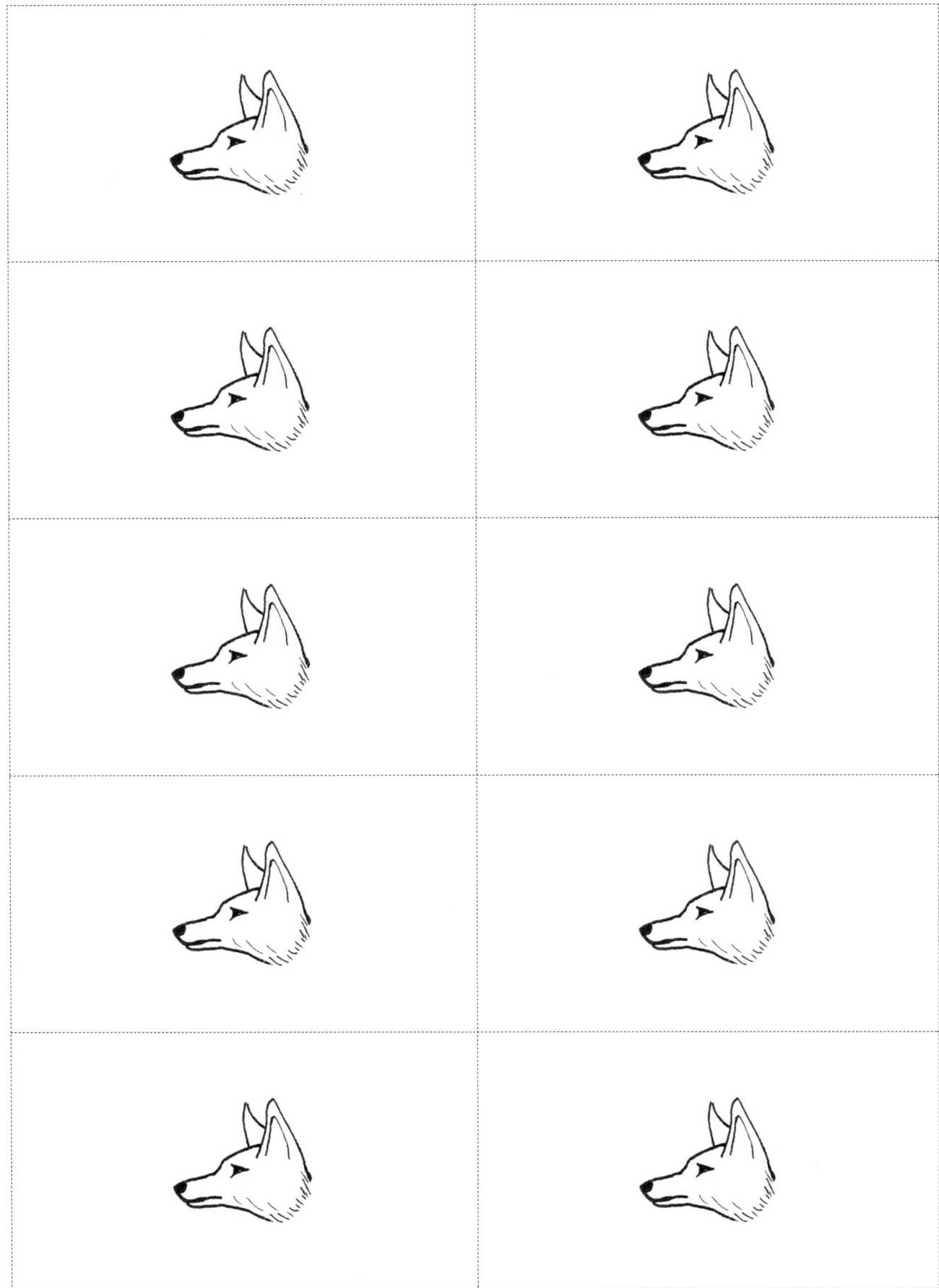

Fragekarten 7
Der Rotfuchs

Wie jagt der Rotfuchs seine Beute?

Er pirscht sich an die Beute heran und springt sie zielsicher an.

Was frisst der Rotfuchs?

Er verzehrt Kleinsäuger, Vögel, Schnecken, Vogeleier, Früchte, große Insekten und Aas.

Wie viele Junge bekommt die Füchsin in einem Wurf?

Sie bekommt 4–6 Junge.

Wie ist der Bau eines Rotfuchses gestaltet?

Er besteht aus tiefen, verzweigten Gängen und mehreren Kesseln. Die Ausgänge liegen oft weit voneinander entfernt.

Wo leben Rotfüchse?

Rotfüchse leben in Europa, Nord- und Zentralasien, Nordamerika und -afrika. Sie bevorzugen deckungsreiche Waldgebiete, kommen aber auch in der Nähe menschlicher Siedlungen vor.

Warum wird der Rotfuchs häufig vom Menschen verfolgt?

Er wird verfolgt, weil er Hausgeflügel und Jagdwild erbeutet und weil er als Tollwutüberträger auf Menschen und Haustiere gilt.

Welche Krankheit kann der Fuchs durch einen Biss auf Menschen und auf Haustiere übertragen?

Er kann u. a. die Tollwut übertragen.

Wann paaren sich Rotfüchse?

Sie paaren sich im Winter.

Rückseiten Fragekarten 7
Der Rotfuchs

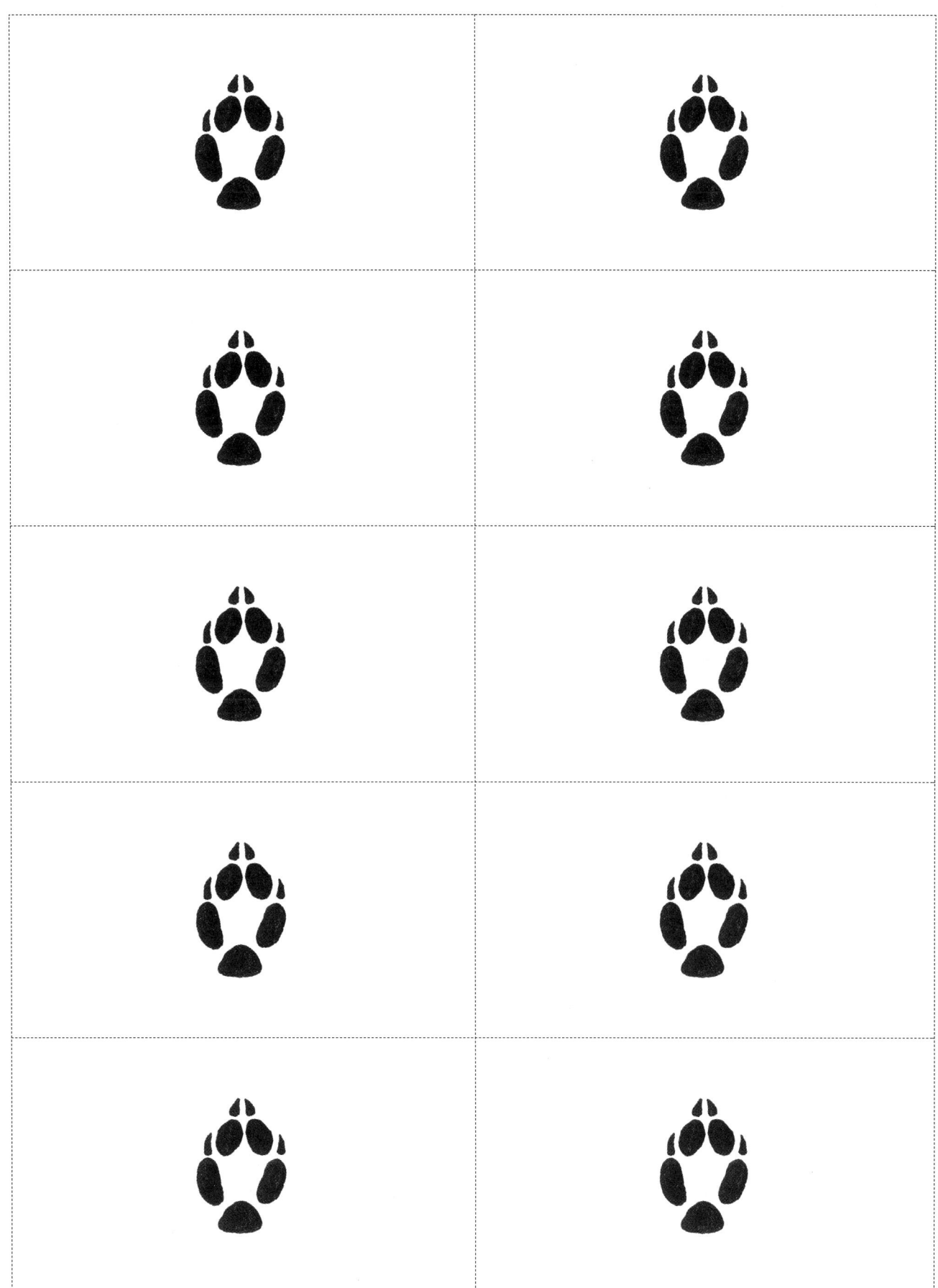

STATION: 8	FORM: Gruppenarbeit (3–4)	ZEIT: ca. 30 Minuten	KONTROLLE: Lösungsblatt	WAHL

THEMA:

Würfelspiel „Das Reh"

MATERIALIEN:

- 1 Spielplan
- 1 Würfel, 4 Spielsteine
- 8 Fragekarten, 8 Ereigniskarten
- Informationstext 8
- Arbeitsblatt 8

ANLEITUNG:

1. Lies den Informationstext „Das Reh" genau durch und beantworte die Fragen auf dem Arbeitsblatt.
2. Spiele das Würfelspiel. Beachte die Spielregeln!

Spielregeln:

Die Frage- und Ereigniskarten werden gemischt und mit der Schrift nach unten in zwei Stapeln aufgelegt. Jeder Spieler würfelt einmal. Der Spieler mit der höchsten Zahl beginnt.

- Kommt ein Spieler auf ein **Fragefeld (◖)**, hebt der Spieler vor ihm eine Fragekarte auf und liest die Frage laut vor. Kann der Spieler sie richtig beantworten, darf er drei Felder vorrücken. Kann er die Frage nicht richtig beantworten, muss er fünf Felder zurücksetzen.
- Kommt ein Spieler auf ein **Ereignisfeld (⩊)**, hebt er selbst eine Ereigniskarte auf und liest sie laut vor. Er muss die Anordnungen, die auf der Karte stehen, befolgen.

Sind alle Karten einmal an der Reihe gewesen, ohne dass das Spiel zu Ende ist, werden sie neu gemischt.

Sieger ist, wer als Erster das Ziel erreicht.

Informationstext 8

Das Reh

Rehe sind Waldbewohner, die jedoch auch das angrenzende Ackerland aufsuchen. Ihre Fußabdrücke (= Trittsiegel) zeigen uns, dass Rehe zu den Paarhufern gehören, d. h. dass sie auf den Spitzen von zwei Zehen, die von Hufen umgeben sind, auftreten.

Rehe ernähren sich ursprünglich von zarten Blättern, Gräsern und Kräutern, im Winter von Knospen junger Bäume und Sträucher. Als so genannte Kulturfolger bevorzugen sie heute allerdings die vom Menschen angebauten, hochwertigen und saftigen Nutzpflanzen.
Die Nahrung wird während des Tages im Dickicht des Waldes mehrere Stunden wiedergekäut.

Das männliche Reh, der Bock, trägt ein Geweih, das im Spätherbst abgeworfen wird. Im Winter entstehen zwei von Kopfhaut (= Bast) überzogene Knochenzapfen.
Im ersten Jahr hat die Geweihstange in der Regel eine Spitze (= Spießer), beim zweijährigen Rehbock zwei Spitzen (= Gabler). Im dritten Jahr werden drei Spitzen ausgebildet (= Sechserbock).

Im Sommer ist das Fell des Rehs an der Körperoberseite rötlichbraun und an der Unterseite weiß, im Winter oberseits graubraun mit einem deutlichen weißen Fleck (= Spiegel) am Hinterleib.

Im Frühjahr grenzen die Böcke aggressiv ihre Territorien ab, die Paarung erfolgt zur Brunftzeit im August. Die Einnistung des befruchteten Eis in die Gebärmutter der Rehgeiß (= Ricke) findet aber erst etwa vier Monate später statt: d. h., dass die Entwicklung des Keimlings für mehrere Monate unterbrochen wird. Nach der Einnistung dauert die Tragzeit fünfeinhalb Monate. Die Kitze werden im Mai geboren, zumeist besteht ein Wurf aus zwei Jungen.

Die natürlichen Feinde des Rehs sind Wolf, Luchs und Bär – Tiere, die in Europa nur noch sehr begrenzt vorkommen. Aus diesem Grunde ist keine natürliche Regulierung der Populationsdichte mehr gegeben, was zu erheblichen Waldschäden durch Verbiss führen kann. Durch Jagd wird sozusagen künstlich der Rehbestand reguliert.

Jäger verwenden bezüglich des Jagdwildes ein ganz eigenes Vokabular: Sie bezeichnen z. B. die Ohren des Rehs als Lauscher, die Nase als Windfang und die Augen als Lichter.

Arbeitsblatt 8
Das Reh

Aufgabe:

Beantworte anhand des Informationstextes „Das Reh" folgende Fragen:

1. **Beschreibe den Fuß des Rehs.**

   _____

   _____

2. **Welche natürlichen Feinde hat das Reh?**

   _____

   _____

3. **Wovon ernährt sich das Reh?**

   _____

   _____

4. **Wie sieht in der Regel das Geweih eines ein-, zwei- und dreijährigen Rehbocks aus und wie nennt man diese Geweihe?**

   _____

   _____

5. **Wann wird das Geweih abgeworfen?**

   _____

6. **Wovon ist das Geweih am Anfang umgeben?**

   _____

7. **Wie heißen Männchen, Weibchen und Jungtiere?**

   _____

8. **Wie nennt man Ohren, Augen und Nase des Rehs in der „Jägersprache"?**

   _____

Lösungen Arbeitsblatt 8
Das Reh

1. Beschreibe den Fuß des Rehs.

*Es tritt auf den Spitzen von 2 Zehen auf, die von Hufen umgeben sind.
Es gehört somit zu den Paarhufern und Zehenspitzengängern.*

2. Welche natürlichen Feinde hat das Reh?

Wolf, Luchs, Bär – da diese jedoch in Europa nur noch sehr begrenzt vorkommen, werden die Rehbestände heutzutage hauptsächlich durch den Menschen reguliert.

3. Wovon ernährt sich das Reh?

Es frisst zarte Blätter, Gräser und Kräuter sowie vom Menschen angebaute Kulturpflanzen. Es ist ein Wiederkäuer.

4. Wie sieht in der Regel das Geweih eines ein-, zwei- und dreijährigen Rehbocks aus und wie nennt man diese Geweihe?

*Einjähriger Rehbock: hat nur 2 Stangen = Spießer
Zweijähriger Rehbock: jede Stange mit 2 Sprossen = Gabler
Dreijähriger Rehbock: jede Stange mit 3 Sprossen = Sechserbock*

5. Wann wird das Geweih abgeworfen?

Es wird jedes Jahr im Spätherbst abgeworfen.

6. Wovon ist das Geweih am Anfang umgeben?

Es ist vom Bast umgeben – einer stark durchbluteten Haut.

7. Wie heißen Männchen, Weibchen und Jungtiere?

Männchen: Bock; Weibchen: Geiß oder Ricke; Jungtier: Kitz.

8. Wie nennt man Ohren, Augen und Nase des Rehs in der „Jägersprache"?

Ohren: Lauscher; Augen: Lichter; Nase: Windfang.

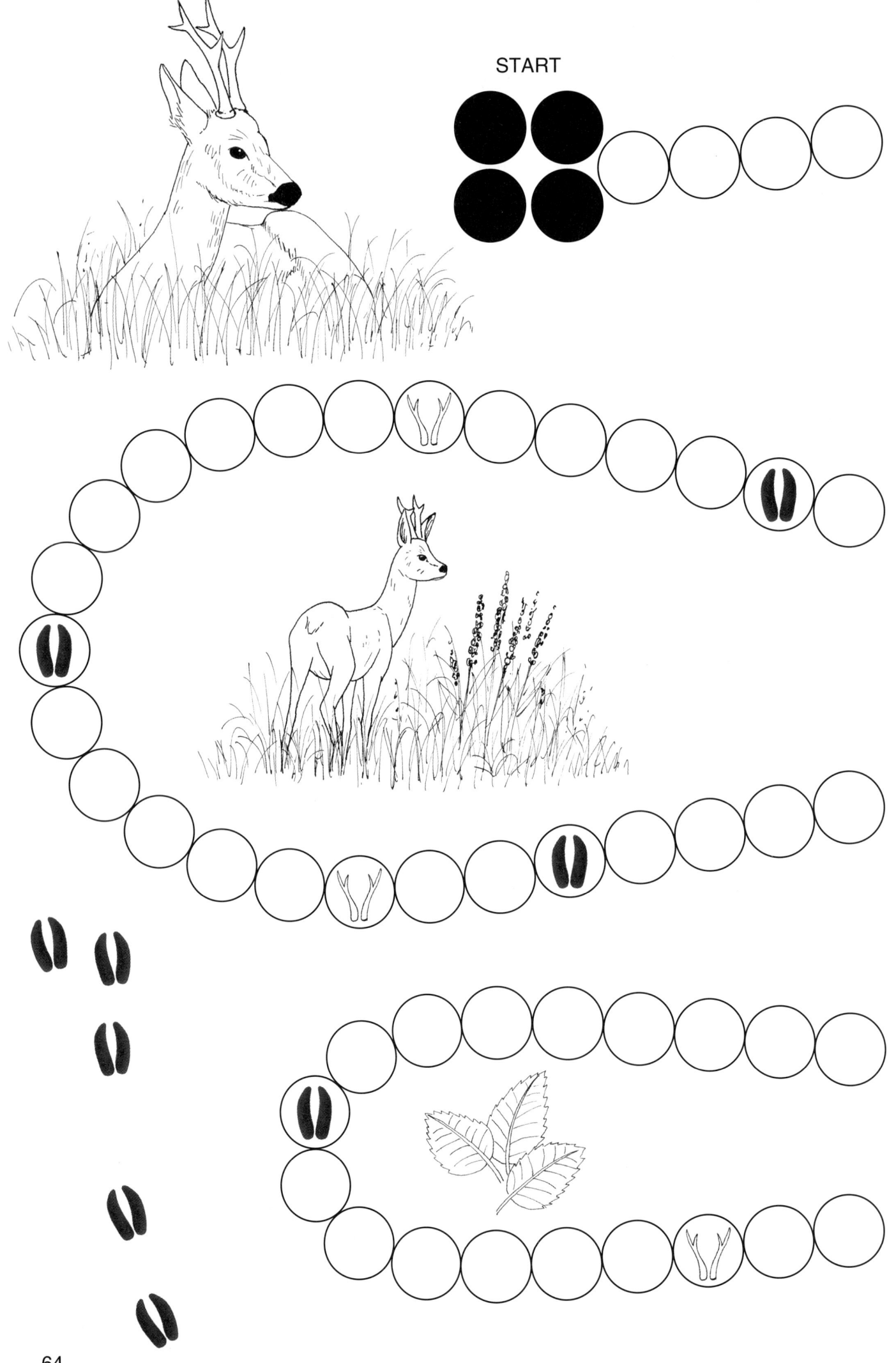

START

64

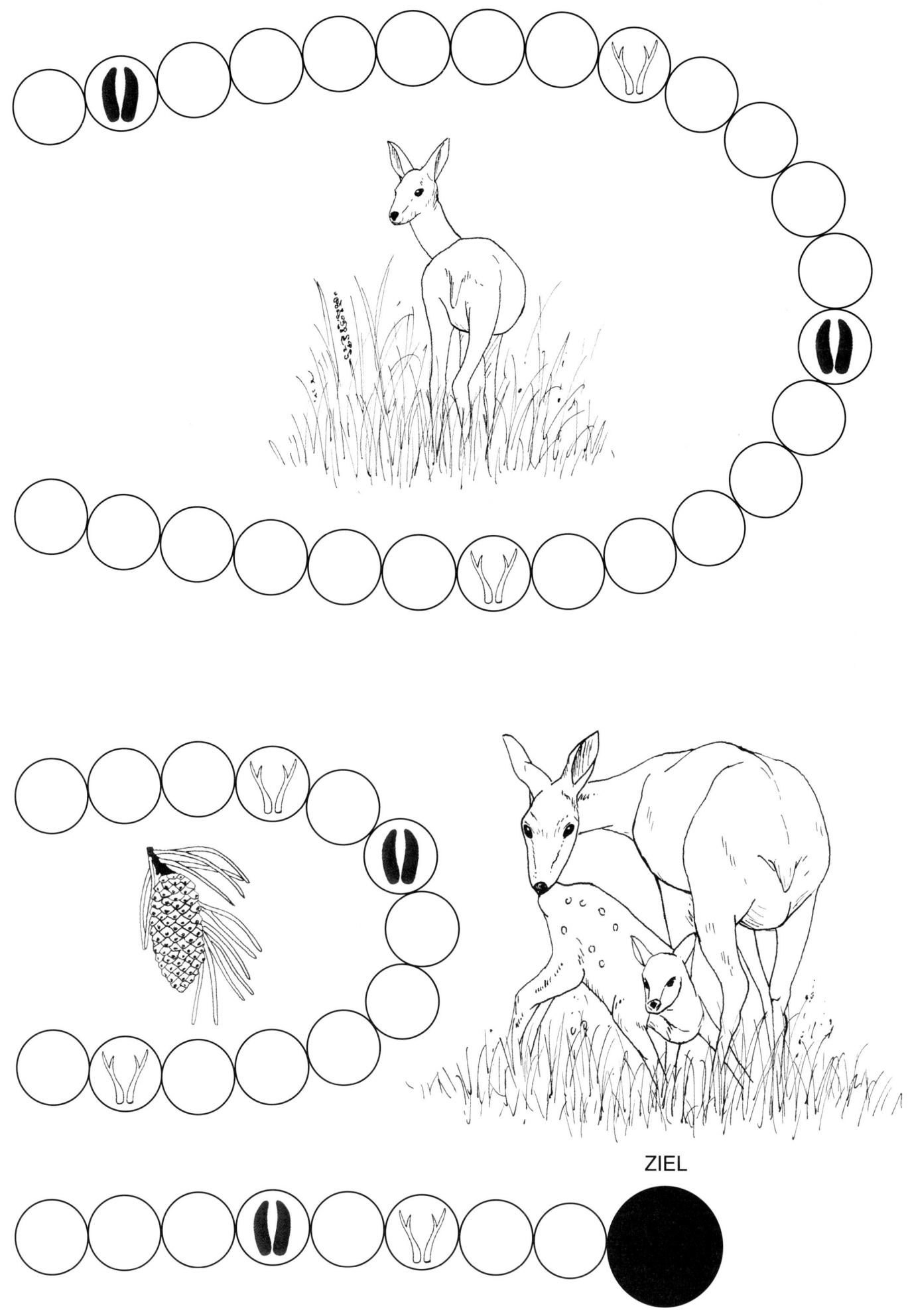

ZIEL

65

Ereigniskarten 8
Das Reh

Die Rehpopulation ist in einem Waldgebiet so drastisch angewachsen, dass erhebliche Verbissschäden entstanden sind. Gehe zurück zum Start!	In ein Waldgebiet sind wieder Wölfe eingezogen. Sie unterstützen die natürliche Regulation der Rehdichte. Rücke 5 Felder vor!
An einem Waldrand hat ein Reh die Bundesstraße überquert. Dadurch ist es zu einem schweren Autounfall gekommen. Gehe 3 Felder zurück!	Die Jagd auf Rehe ist genau reguliert und hat das Ziel, die Populationsgröße im Gleichgewicht zu halten. Rücke 3 Felder vor!
Jemand hat ein Rehkitz gefunden und gestreichelt. Da diesem jetzt Menschengeruch anhaftet, wird es von seiner Mutter verlassen und muss verhungern. Setze 1 Runde aus!	Der Winter ist mild und die Rehe finden ausreichend Nahrung. Würfle noch einmal!
Beim Kampf um ein Weibchen haben sich zwei männliche Rivalen mit ihren Geweihen derart verfangen, dass sie sich nicht mehr voneinander lösen können und sterben müssen. Setze 1 Runde aus!	An der Bundesstraße ist ein Schild aufgestellt worden, welches vor Rehen warnt, die hier die Fahrbahn überqueren. Seitdem sind die Autofahrer auf dieser Strecke achtsamer und es kommt zu keinen Unfällen mehr. Rücke 3 Felder vor!

67

Fragekarten 8
Das Reh

Welche natürlichen Feinde haben Rehe?

Wolf, Luchs und Bär

Wie heißen beim Reh das Männchen, das Weibchen und das Jungtier?

Bock, Geiß oder Ricke, Kitz

Wie nennt man Ohren, Augen und Nase des Rehs in der „Jägersprache"?

Lauscher, Lichter und Windfang

Wovon ernährt sich das Reh?

Es frisst Blätter, Gräser und Kräuter sowie vom Menschen angebaute Kulturpflanzen. Es ist ein Wiederkäuer.

Wie heißt das Geweih eines ein-, zwei- und dreijährigen Rehbocks?

Spießer, Gabler, Sechser

Wann wird das Geweih abgeworfen?

Es wird jedes Jahr im Spätherbst abgeworfen.

Beschreibe den Fuß des Rehs. Wie tritt es auf?

Das Reh ist ein Paarhufer und Zehenspitzengänger: Es tritt auf den Spitzen von zwei Zehen auf, die von Hufen umgeben sind.

Wovon ist das neue Geweih am Anfang umgeben?

vom so genannten Bast (= stark durchblutete Haut)

Rückseiten Fragekarten 8
Das Reh

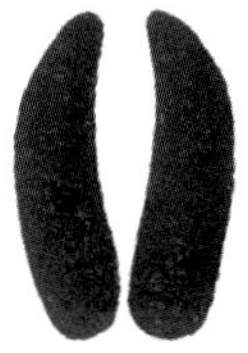
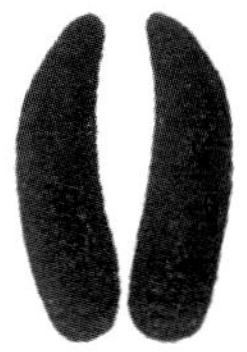
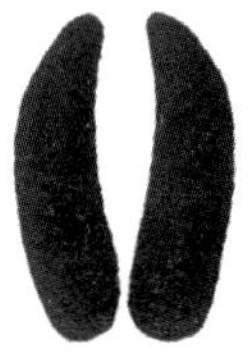
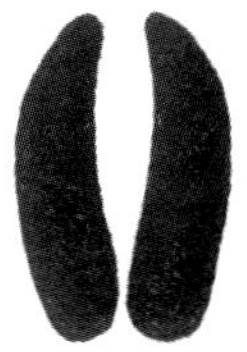
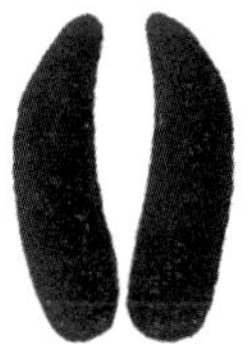
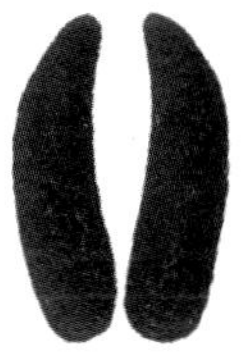
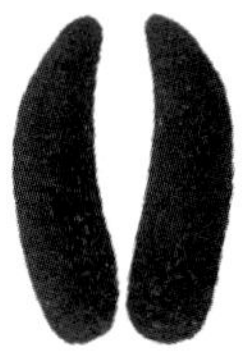
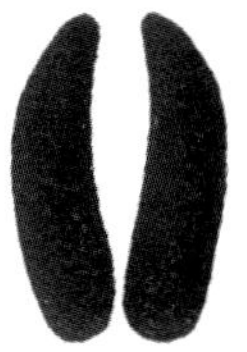
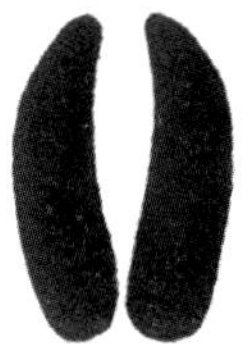
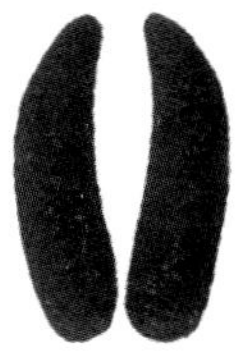

STATION:	FORM:	ZEIT:	KONTROLLE:	WAHL
9	Gruppenarbeit (3–4)	ca. 30 Minuten	Lösungsblatt	

THEMA:

Würfelspiel „Das Eichhörnchen"

MATERIALIEN:

- 1 Spielplan
- 1 Würfel, 4 Spielsteine
- 8 Fragekarten, 8 Ereigniskarten
- Informationstext 9
- Arbeitsblatt 9

ANLEITUNG:

1. Lies den Informationstext „Das Eichhörnchen" genau durch und beantworte die Fragen auf dem Arbeitsblatt.
2. Spiele das Würfelspiel. Beachte die Spielregeln!

Spielregeln:

Die Frage- und Ereigniskarten werden gemischt und mit der Schrift nach unten in zwei Stapeln aufgelegt. Jeder Spieler würfelt einmal. Der Spieler mit der höchsten Zahl beginnt.

- Kommt ein Spieler auf ein **Fragefeld** (🐿), hebt der Spieler vor ihm eine Fragekarte auf und liest die Frage laut vor. Kann der Spieler sie richtig beantworten, darf er drei Felder vorrücken. Kann er die Frage nicht richtig beantworten, muss er fünf Felder zurücksetzen.
- Kommt ein Spieler auf ein **Ereignisfeld** (🌰), hebt er selbst eine Ereigniskarte auf und liest sie laut vor. Er muss die Anordnungen, die auf der Karte stehen, befolgen.

Sind alle Karten einmal an der Reihe gewesen, ohne dass das Spiel zu Ende ist, werden sie neu gemischt.

Sieger ist, wer als Erster das Ziel erreicht.

Informationstext 9

Das Eichhörnchen

Das Eichhörnchen ist ein baumbewohnendes, tagaktives Nagetier. Allein in Mitteleuropa kennt man ca. 40 Unterarten des Eichhörnchens! Es kommt ausgesprochen häufig vor und ist in vielen Lebensräumen anzutreffen: in Wäldern wie auch in Kulturlandschaften sowie in den Garten- und Parkanlagen unserer Städte.

Es hat eine Kopfrumpflänge von 21–25 cm und wiegt 200–400 g. Sein Fell ist oberseits hellrot bis braunschwarz, scharf abgegrenzt von der stets weißen Unterseite. Aus den spitzen Ohren ragen Haarbüschel.

Seine Hinterbeine sind Sprungbeine. Es hat Pfoten mit langen Krallen und Klettersohlen mit rauen Haftballen. Der Schwanz ist buschig und dient beim Klettern und Springen zum Balancieren und Steuern, bei der Balz als optisches Signal.

Sein Nest (= Kobel), ein kugeliges Flechtwerk aus Zweigen mit zwei Öffnungen (Einschlupf- und Fluchtloch), das innen mit Gras und Moos weich gepolstert ist, legt es vorwiegend in Astgabeln mittelhoher Bäume an. Im Nest überdauert es schlechtes Wetter und bringt die Jungen zur Welt.

Eichhörnchen sind Allesfresser. Ihre Nahrung besteht vorwiegend aus Samen, Bucheckern, Eicheln und Nüssen. Aber auch Insekten, Eier, Jungvögel, Beeren und Knospen werden gerne verzehrt. Als Nagetiere besitzen sie die typischen, stark ausgeprägten oberen und unteren Schneidezähne.

Die Tiere halten keinen Winterschlaf, sondern eine Winterruhe: Sie wachen immer wieder auf, scheiden Urin und Kot aus und müssen fressen. Hierfür vergraben sie im Herbst einen Teil der Samen und Nüsse im Boden oder verstecken sie in Baumhöhlen. Die nicht wieder aufgefundenen Samen keimen häufig zu neuen Pflanzen heran. Dadurch trägt das Eichhörnchen übrigens wesentlich zur Ausbreitung einiger Pflanzenarten bei (z. B. Hasel)!

Ein- bis dreimal pro Jahr werfen die Weibchen zwei bis fünf nackte und blinde Junge, die neun Wochen bei der Mutter bleiben.

Die Lebensdauer der Eichhörnchen beträgt zehn bis zwölf Jahre. Natürliche Feinde sind Marder, Wildkatzen und Greifvögel, am Boden auch Luchs, Vielfraß und Fuchs.

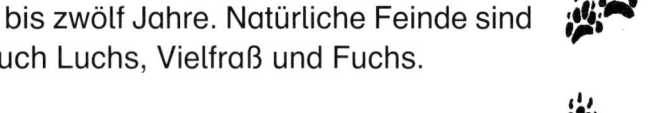

Arbeitsblatt 9
Das Eichhörnchen

Aufgabe:

Beantworte anhand des Informationstextes „Das Eichhörnchen" folgende Fragen:

1. Welche Eigenschaften machen das Eichhörnchen zu einem
   wendigen und sicheren Klettertier?

   _____

   _____

2. Wie heißt das Nest des Eichhörnchens?

   _____

3. Wie sieht das Nest des Eichhörnchens aus?

   _____

   _____

   _____

4. Wovon ernährt sich das Eichhörnchen?

   _____

   _____

5. Was ist für das Gebiss des Eichhörnchens kennzeichnend?

   _____

6. Wie verbringen Eichhörnchen den Winter?

   _____

7. Was versteht man unter „Winterruhe"?

   _____

   _____

8. Wie ernährt sich das Eichhörnchen im Winter?

   _____

72

Lösungen Arbeitsblatt 9
Das Eichhörnchen

1. Welche Eigenschaften machen das Eichhörnchen zu einem wendigen und sicheren Klettertier?

Seine Hinterbeine sind Sprungbeine. Es hat Pfoten mit langen Krallen und Klettersohlen mit rauen Haftballen. Sein buschiger Schwanz dient als Steuer.

2. Wie heißt das Nest des Eichhörnchens?

Es heißt Kobel.

3. Wie sieht das Nest des Eichhörnchens aus?

Es ist ein kugeliges Flechtwerk aus Zweigen mit zwei Öffnungen (Einschlupf- und Flucht-loch), das innen mit Gras und Moos weich gepolstert ist. Es wird in Astgabeln mittelhoher Bäume eingerichtet.

4. Wovon ernährt sich das Eichhörnchen?

Es ist ein Allesfresser und ernährt sich vorwiegend von Samen, Bucheckern, Eicheln und Nüssen, aber auch von Insekten, Eiern, Jungvögeln, Beeren und Knospen.

5. Was ist für das Gebiss des Eichhörnchens kennzeichnend?

Als Nagetier besitzt es die typischen, stark ausgeprägten oberen und unteren Schneide-zähne.

6. Wie verbringen Eichhörnchen den Winter?

Im Winter halten sie in ihrem Kobel eine Winterruhe.

7. Was versteht man unter „Winterruhe"?

Das Tier wacht immer wieder auf, um Nahrung aufzunehmen und Urin und Kot abzu-scheiden.

8. Wie ernährt sich das Eichhörnchen im Winter?

Es sucht die Vorräte auf, die es im Herbst versteckt hat.

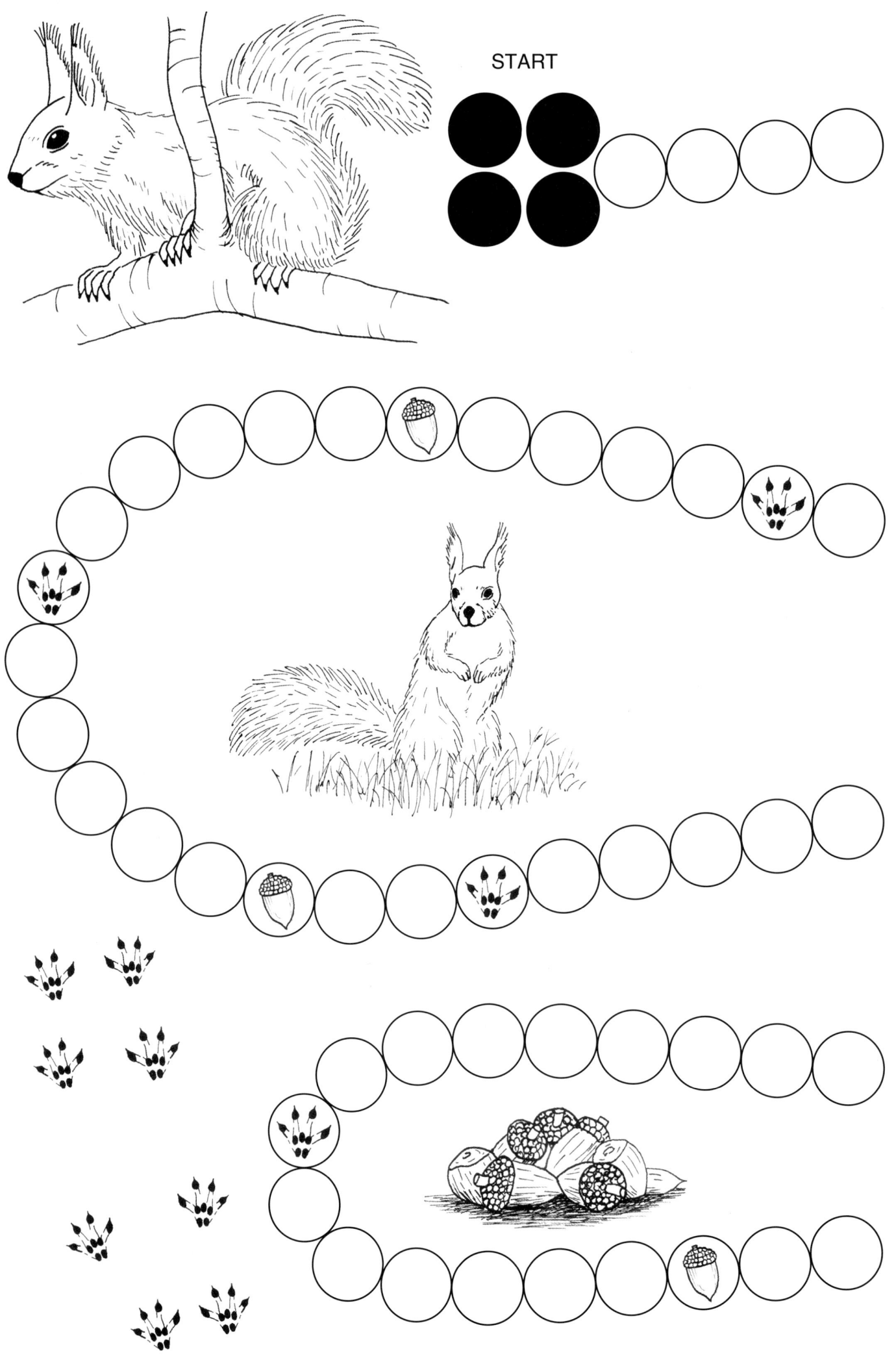

START

74

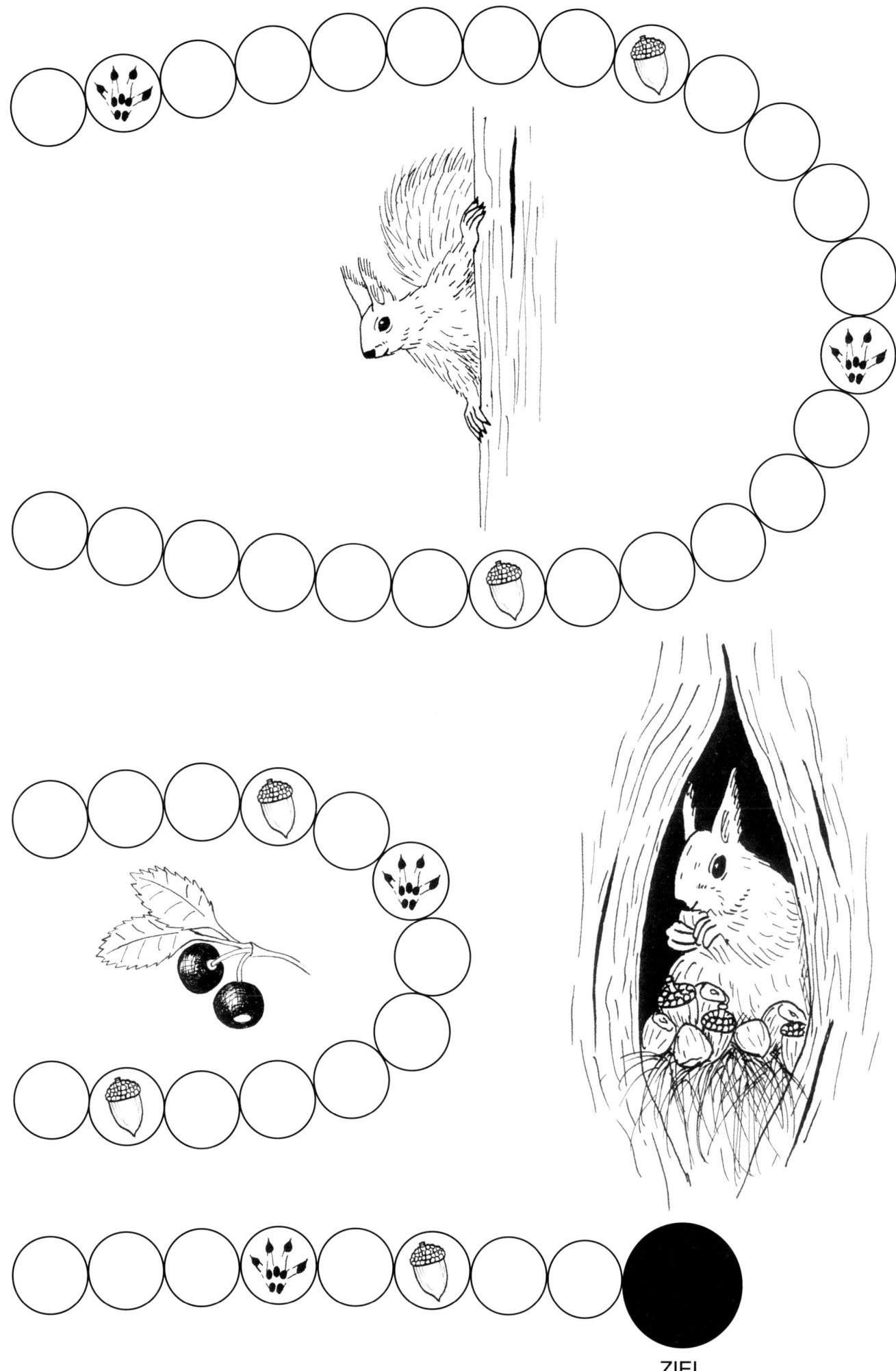

ZIEL

Ereigniskarten 9
Das Eichhörnchen

Ein Eichhörnchen kann seine versteckten Wintervorräte nicht mehr finden und kommt deshalb nicht über den Winter.

Gehe zurück zum Start!

Ein Eichhörnchen hat sich durch einen besonders gewagten Sprung vor dem Baummarder retten können.

Rücke 5 Felder vor!

Einige Eichhörnchen haben sich mit Tollwut infiziert.

Setze 1 Runde aus!

Einige vom Eichhörnchen verscharrte und dann „vergessene" Haselnüsse sind im Frühjahr ausgekeimt. Damit hat das Tier zur Ausbreitung des Haselstrauches beigetragen!

Rücke 3 Felder vor!

Eine Baummarderpopulation ist dermaßen angewachsen, dass sie durch Plünderungen von Eichhörnchennestern großen Schaden angerichtet hat.

Gehe 3 Felder zurück!

Der Winter bricht besonders früh ein. Ein Eichhörnchen konnte sich noch rechtzeitig genügend Futter verstecken, um den langen Winter zu überstehen.

Rücke 3 Felder vor!

Eine Eichhörnchenpopulation ist dermaßen angewachsen, dass sie durch Plünderungen von Vogelnestern großen Schaden angerichtet hat.

Setze 1 Runde aus!

Ein Eichhörnchen ist bei einem großen Sprung zu Boden gefallen. Mit dem Schwanz konnte es jedoch sein Gleichgewicht finden und einigermaßen sanft landen.

Würfle noch einmal!

Rückseiten Ereigniskarten 9
Das Eichhörnchen

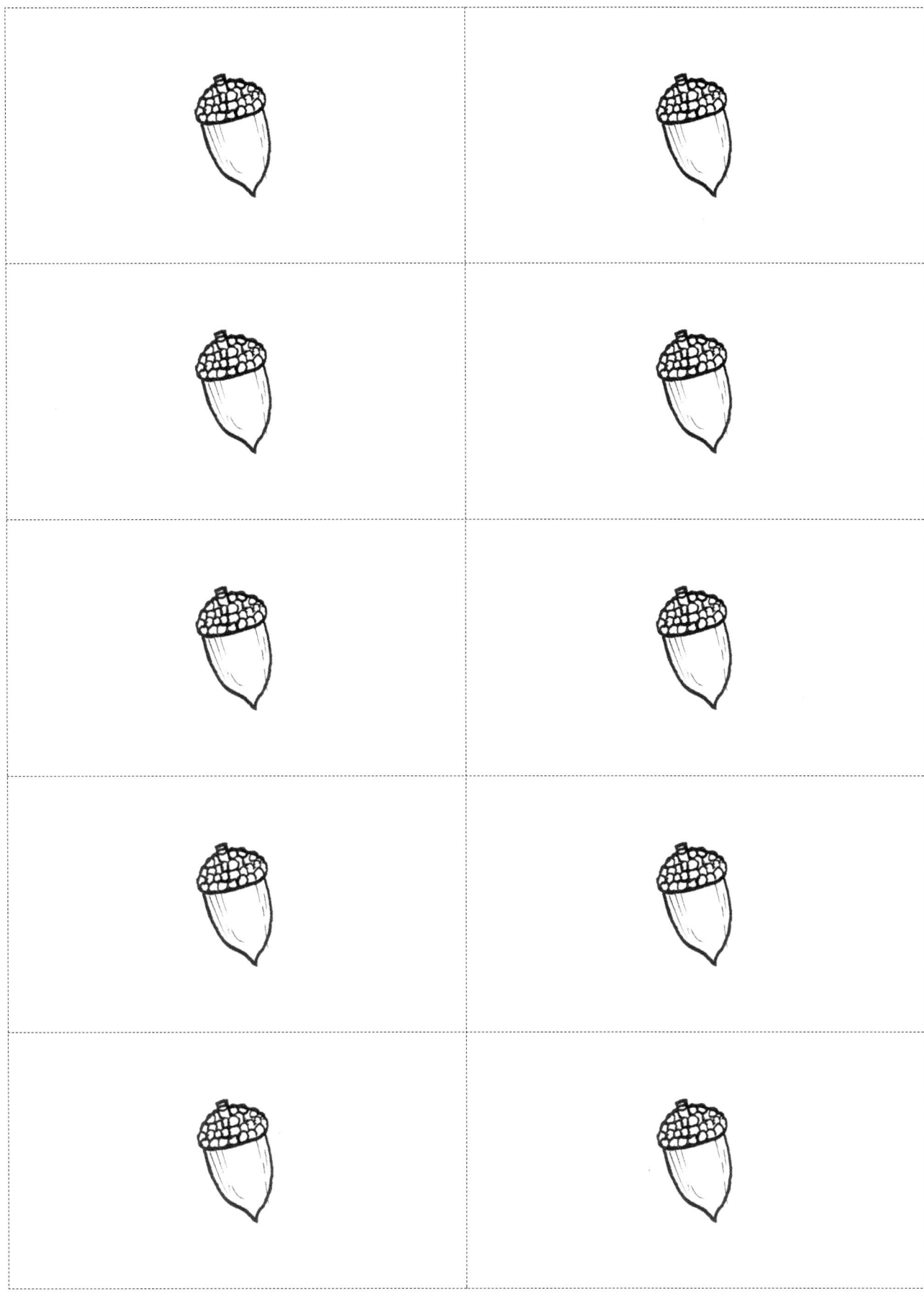

Fragekarten 9
Das Eichhörnchen

Welche Eigenschaften machen das Eichhörnchen zu einem wendigen und sicheren Klettertier?

Seine Hinterbeine sind Sprungbeine.
Es hat Pfoten mit langen Krallen, Klettersohlen mit Haftballen und einen buschigen Schwanz zum Steuern.

Wie heißt das Nest des Eichhörnchens?

Kobel

Wovon ernährt sich das Eichhörnchen?

Das Eichhörnchen ist ein Allesfresser. Seine Nahrung besteht vorwiegend aus Samen, Bucheckern, Eicheln, Nüssen, Insekten, Eiern, Jungvögeln, Beeren und Knospen.

Wie sieht das Nest des Eichhörnchens aus?

Es liegt in Astgabelungen, ist kugelig, hat zwei Öffnungen (Einschlupf- und Fluchtloch) und ist aus Zweigen, Gras und Moos gebaut.

Was ist für das Gebiss des Eichhörnchens kennzeichnend?

Es ist ein typisches Nagetiergebiss mit stark ausgeprägten oberen und unteren Schneidezähnen.

Wovon ernährt sich das Eichhörnchen im Winter?

Es ernährt sich von den Früchten und Samen, die es im Herbst vergraben hat.

Was versteht man unter „Winterruhe"?

Während der Winterruhe wacht das Tier immer wieder auf, um zu fressen sowie um Urin und Kot auszuscheiden.

Wie verbringt das Eichhörnchen den Winter?

Es hält eine Winterruhe in seinem Kobel.

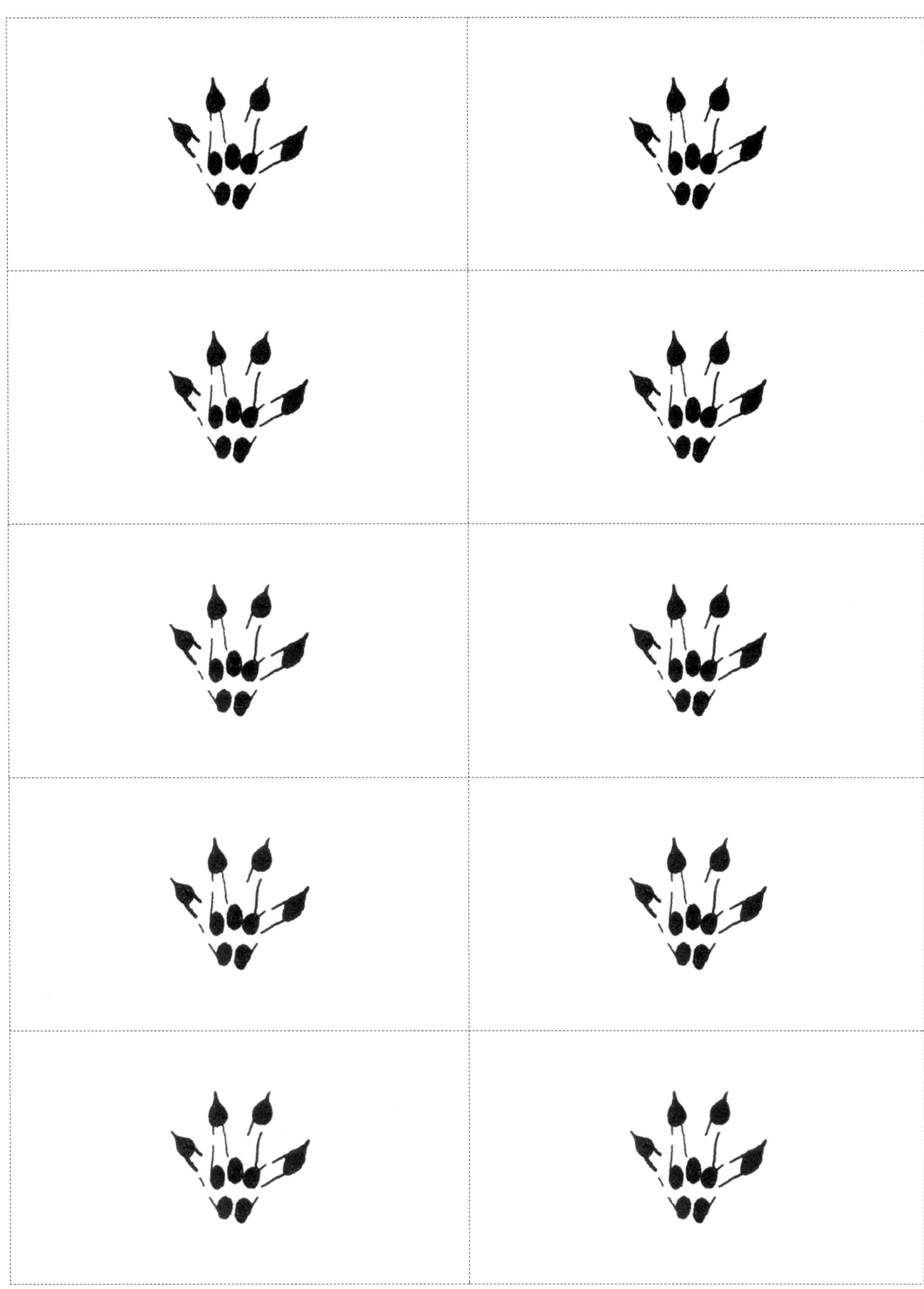

STATION: **10**	FORM: Einzelarbeit	ZEIT: ca. 15 Minuten	KONTROLLE: Lösungsblatt	WAHL

THEMA:

Der Afrikanische Elefant – Ernährung und Lebensraum

MATERIALIEN:

- Informationstext 10
- Arbeitsblatt 10

ANLEITUNG:

1. Lies den Informationstext „Der Afrikanische Elefant – Ernährung und Lebensraum" aufmerksam durch.
2. Beantworte die Fragen auf dem Arbeitsblatt!

Informationstext 10

Der Afrikanische Elefant

Ernährung und Lebensraum

Als größtes Landsäugetier und Pflanzenfresser hat der Elefant allein schon wegen seiner gewaltigen Körpermasse – er kann bis zu 7 Tonnen wiegen! – einen enormen Nahrungsbedarf. Dieser beträgt pro Tag etwa ein Zwanzigstel seines Körpergewichts. Dass der Elefant ein ausgesprochen schlechter Futterverwerter ist, zählt als weiterer Grund dafür, dass er große Futtermengen benötigt: Nur etwa die Hälfte der aufgenommenen Nahrung wird vom Verdauungstrakt verwertet, der Rest wird unverdaut wieder ausgeschieden. Bis zu etwa 20 Stunden am Tag widmen die Tiere der Nahrungsaufnahme und -aufbereitung!

Der Elefant ist Vegetarier, aber kein Wiederkäuer. Seine Nahrung besteht hauptsächlich aus Gras sowie aus anderen pflanzlichen Teilen wie Früchten, Zweigen, Knospen, Blättern und Wurzeln. Einige Pflanzenarten werden fast ausschließlich von Elefanten als Nahrung genutzt und von den anderen Pflanzenfressern verschmäht.

Neben der gewaltigen Nahrungsmenge braucht der Elefant täglich sehr viel Wasser zum Trinken – ein ausgewachsener Elefant etwa 70–200 l am Tag – und zum Baden bzw. zum Abspritzen seines Körpers mit Hilfe des Rüssels.

Ortstreu sind Afrikanische Elefanten nur in wasser- und nahrungsreichen Gebieten. In Trockengebieten müssen sie große Wanderungen unternehmen, um ihren Bedarf zu decken.

Wie der Name verrät, ist der Afrikanische Elefant auf dem Afrikanischen Kontinent beheimatet. Dort findet man ihn in sehr unterschiedlichen Lebensräumen: sowohl in feuchten Regen- und Bergwäldern als auch an Gewässerufern und in der Steppe (Savanne).

Arbeitsblatt 10
Der Afrikanische Elefant

Aufgabe:

Beantworte anhand des Informationstextes „Der Afrikanische Elefant – Ernährung und Lebensraum" folgende Fragen:

1. **Wie viel muss ein Elefant täglich fressen? Errechne die Menge für einen Elefanten mit einem Gewicht von 6 t.**

   _____

   _____

   _____

2. **Was frisst ein Elefant?**

   _____

   _____

   _____

3. **Wie viel Wasser trinkt ein ausgewachsener Elefant täglich?**

   _____

   _____

   _____

4. **In welchen Lebensräumen leben Afrikanische Elefanten?**

   _____

   _____

   _____

Lösungen Arbeitsblatt 10
Der Afrikanische Elefant

1. Wie viel muss ein Elefant täglich fressen?

Ein Elefant braucht an Nahrung täglich etwa $^1/_{20}$ seines Körpergewichts. Bei einem Körpergewicht von 6 t (= 6000 kg) ergibt das 300 kg.

2. Was frisst ein Elefant?

Der Elefant ist Vegetarier, d. h. er nimmt pflanzliche Nahrung zu sich: Gräser, Früchte, Zweige, Knospen, Blätter und Wurzeln.

3. Wie viel Wasser trinkt ein ausgewachsener Elefant täglich?

Ein ausgewachsener Elefant trinkt am Tag zwischen 70 und 200 l Wasser.

4. In welchen Lebensräumen leben Afrikanische Elefanten?

Afrikanische Elefanten leben in sehr unterschiedlichen Lebensräumen: sowohl in feuchten Regen- und Bergwäldern, als auch an Gewässerufern und in der Steppe (Savanne).

STATION: 11	FORM: Einzelarbeit	ZEIT: ca. 15 Minuten	KONTROLLE: Lösungsblatt	WAHL

THEMA:

Der Afrikanische Elefant – Soziales Verhalten und Fortpflanzung

MATERIALIEN:

- Informationstext 11
- Arbeitsblatt 11

ANLEITUNG:

1. Lies den Informationstext „Der Afrikanische Elefant – Soziales Verhalten und Fortpflanzung" aufmerksam durch.
2. Beantworte die Fragen auf dem Arbeitsblatt!

Informationstext 11

Der Afrikanische Elefant

Soziales Verhalten und Fortpflanzung

Afrikanische Elefanten sind gesellige Herdentiere. Innerhalb einer Herde, die sich sowohl aus Tieren eines Geschlechts wie auch verschiedenen Geschlechts zusammensetzen kann, herrscht eine feste Sozialstruktur. Meist übernimmt ein älteres, erfahrenes Tier die Führung, oft ist das eine Elefantenkuh. Junge Elefanten werden innerhalb einer Herde oft nicht nur von der Mutterkuh, sondern auch von anderen Weibchen mitbetreut.

Die Mitglieder einer Gruppe stehen in engem Kontakt zueinander. Gegenüber den Rufen und Bewegungen ihrer Artgenossen sind sie sehr sensibel. Sie zeigen einander ihre Zuneigung, indem sie sich gegenseitig immer wieder berühren. Verletzte und kranke Tiere finden Schutz in ihrer Gruppe.

Ab dem 15.–16. Lebensjahr paaren sich die Weibchen zu einer bestimmten Zeit, der so genannten Brunst. Die Männchen sind das ganze Jahr über paarungsbereit. Afrikanische Elefantenmännchen sind in der Regel im Vergleich zu den Indischen (= Asiatischen) untereinander sehr verträglich, ab und zu kann man allerdings auch bei ihnen Kämpfe zwischen Rivalen beobachten. Zur Paarung trennt sich häufig das brünstige Weibchen mit einem Männchen für eine Weile von der Gruppe.

Die Tragzeit beträgt ca. 22 Monate, das heißt also fast zwei Jahre! Dann kommt meist nur ein einziges Kalb zur Welt, das bereits bei der Geburt ca. 100 kg wiegt. Es wird etwa 4 Jahre lang von der Mutterkuh gesäugt; deren Zitzen befinden sich unmittelbar hinter den Vorderbeinen. Weil das Jungtier sehr lange auf die Mutter angewiesen bleibt, bringt diese durchschnittlich nur alle acht Jahre ein Kalb auf die Welt.

Arbeitsblatt 11
Der Afrikanische Elefant

Aufgabe:

Beantworte anhand des Informationstextes „Der Afrikanische Elefant – Soziales Verhalten und Fortpflanzung" folgende Fragen:

1. **In welchen Sozialstrukturen leben Afrikanische Elefanten?**

   _____

   _____

   _____

   _____

2. **Wer kümmert sich um die Jungtiere?**

   _____

   _____

3. **Wovon werden die Jungtiere am Anfang ernährt?**

   _____

4. **Wie viele Junge bringt ein Weibchen in der Regel auf einmal zur Welt?**

   _____

5. **Wie lang ist die Tragzeit einer Elefantenkuh?**

   _____

6. **Was passiert mit verletzten Tieren innerhalb einer Gruppe?**

   _____

Lösungen Arbeitsblatt 11
Der Afrikanische Elefant

1. **In welchen Sozialstrukturen leben Afrikanische Elefanten?**

   Sie sind gesellige Herdentiere. Innerhalb einer Herde, die sich sowohl aus Tieren eines Geschlechts wie auch verschiedenen Geschlechts zusammensetzen kann, herrscht eine feste Sozialstruktur. Meist übernimmt ein älteres, erfahrenes Tier die Führung, oft ist das eine Elefantenkuh.

2. **Wer kümmert sich um die Jungtiere?**

   Um ein Jungtier kümmern sich innerhalb einer Herde neben der Mutterkuh auch die anderen Weibchen.

3. **Wovon werden die Jungtiere am Anfang ernährt?**

   Sie trinken Muttermilch.

4. **Wie viele Junge bringt ein Weibchen in der Regel auf einmal zur Welt?**

   In der Regel bringt ein Weibchen ein Junges auf einmal zur Welt.

5. **Wie lang ist die Tragzeit einer Elefantenkuh?**

   Sie beträgt ca. 22 Monate, d. h. fast zwei Jahre!

6. **Was passiert mit verletzten Tieren innerhalb einer Gruppe?**

   Verletzte Elefanten werden von anderen Tieren ihrer Gruppe geschützt.

STATION: 12	FORM: Einzelarbeit	ZEIT: ca. 15 Minuten	KONTROLLE: Lösungsblatt	WAHL

THEMA:

Der Afrikanische Elefant – Rüssel und Gebiss

MATERIALIEN:

■ Informationstext 12
■ Arbeitsblatt 12

ANLEITUNG:

1. Lies den Informationstext „Der Afrikanische Elefant – Rüssel und Gebiss" aufmerksam durch.
2. Beantworte die Fragen auf dem Arbeitsblatt!

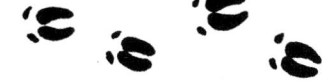

Der Afrikanische Elefant

Rüssel und Gebiss

Der Elefant ist das schwerste lebende Landsäugetier: Er erreicht eine Größe von bis zu 4 m und ein Gewicht von 7000 kg. Unterschieden wird zwischen zwei rezenten Arten, dem Indischen (oder Asiatischen) Elefanten und dem Afrikanischen Elefanten.

Der muskuläre Rüssel, das wohl charakteristischste Merkmal des Elefanten, enthält keine Knochen. Er stellt eine Verlängerung und Verwachsung von Oberlippe und Nase dar. Der Rüssel ist ein sehr vielseitiges Organ. Er dient dem Elefanten als Werkzeug zum Tasten und Greifen. Am Rüsselende befinden sich zwei bewegliche Hautlappen, die wie Finger Gegenstände umfassen können. Mit Hilfe des Rüssels können Elefanten sowohl Pflanzen vom Boden aufnehmen als auch Blätter und Früchte aus den Baumkronen pflücken. Des Weiteren dient der Rüssel zur Aufnahme von Flüssigkeit: Beim Trinken wird das Wasser in den Rüssel gesaugt und anschließend ins Maul gespritzt. Wichtig ist auch die Funktion des Rüssels als Atem- und als sensibles Riechorgan, zum „Trompeten" und zur Körperpflege. In seltenen Fällen kommt der Rüssel als kräftige Schlagwaffe zum Einsatz.

Die Stoßzähne sind stark vergrößerte Schneidezähne. Sie liegen tief in den Schädel eingebettet und wachsen ständig nach. Beim Afrikanischen Elefanten tragen Tiere beider Geschlechter Stoßzähne; bei den Männchen werden sie allerdings in der Regel deutlich größer und schwerer als bei den Weibchen. Stoßzähne Afrikanischer Elefanten werden bei Weibchen im Durchschnitt bis zu 1,5 m, bei Männchen bis etwa 2,5 m lang.

Die Backenzähne dienen dem Zermahlen der rein pflanzlichen Nahrung. Sie besitzen daher eine große Mahlfläche mit Querleisten. Auf jeder Seite des Ober- und des Unterkiefers kommt immer nur jeweils ein Backenzahn auf einmal zum Einsatz. Ist dieser abgenutzt, wird er durch einen neuen ersetzt, der sich im Kiefer von hinten nach vorne schiebt (waagrechter Zahnwechsel). Die Lebensdauer der Elefanten ist schon allein dadurch begrenzt, dass nicht unendlich viele Backenzähne nachwachsen; ohne Backenzahn muss der Elefant verhungern.

Die Lebenserwartung frei lebender Afrikanischer Elefanten beträgt etwa 40 Jahre.

Beide Elefantenarten sind, obwohl sie durch das Washingtoner Artenschutzabkommen unter Schutz stehen, bedroht. Gründe dafür sind zum einen die Zerstörung des Lebensraumes, zum anderen die Wilderei, d. h. die illegale Jagd. Den Jägern geht es dabei hauptsächlich um die Stoßzähne der Elefanten, dem begehrten Elfenbein.

Arbeitsblatt 12
Der Afrikanische Elefant

Aufgabe:

Beantworte anhand des Informationstextes „Der Afrikanische Elefant – Rüssel und Gebiss"
folgende Fragen:

1. **Wozu verwendet der Elefant seinen Rüssel?**

_____

_____

_____

2. **Was für ein Körperteil ist der Rüssel?**

_____

_____

3. **Welche Zähne sind beim Elefanten zu Stoßzähnen umgewandelt?**

_____

4. **Wie groß sind durchschnittlich die Stoßzähne Afrikanischer Elefanten?**

_____

_____

5. **Welche Zähne besitzt der Elefant außer den Stoßzähnen?**

_____

_____

6. **Warum sind Elefanten bedroht?**

_____

_____

Lösungen Arbeitsblatt 12
Der Afrikanische Elefant

1. Wozu verwendet der Elefant seinen Rüssel?

Der Rüssel dient ihm
- *als Werkzeug zum Greifen und Tasten (Laubabreißen, Pflücken und Aufheben);*
- *zum Trinken;*
- *zum Atmen und Riechen;*
- *zum Trompeten;*
- *zur Körperpflege;*
- *als Schlagwaffe.*

2. Was für ein Körperteil ist der Rüssel?

Der Rüssel stellt eine Verlängerung und Verwachsung von Oberlippe und Nase dar.

3. Welche Zähne sind beim Elefanten zu Stoßzähnen umgewandelt?

Die oberen Schneidezähne sind zu Stoßzähnen umgewandelt.

4. Wie groß sind durchschnittlich die Stoßzähne Afrikanischer Elefanten?

Die Stoßzähne Afrikanischer Elefanten werden bei Weibchen im Durchschnitt bis zu 1,5 m, bei Männchen etwa bis zu 2,5 m lang.

5. Welche Zähne besitzt der Elefant außer den Stoßzähnen?

Er besitzt je einen großen Backenzahn im rechten und im linken Ober- und Unterkiefer (insgesamt 4), der nach Abnutzung durch einen neuen ersetzt wird.

6. Warum sind Elefanten bedroht?

- *Ihr Lebensraum wird zerstört.*
- *Sie werden vor allem wegen ihrer Stoßzähne gejagt (Elfenbeingewinnung).*

STATION:	FORM:	ZEIT:	KONTROLLE:	WAHL
13	Einzel- oder Partnerarbeit	ca. 20 Minuten	Lösungsblatt/ Foto	

THEMA:

Säugetierpuzzle Koala

MATERIALIEN:

- Informationstext 13
- Fragenraster
- 1 Bilderrahmen (etwa in DIN-A4-Größe)
- 20 Antwort-Puzzleteile mit Bildrückseite
- Arbeitsblatt 13

ANLEITUNG:

1. Lies den Informationstext über den Koala aufmerksam durch.
2. Ordne nun den Fragen des Fragenrasters die richtigen Antwort-Puzzleteile zu, indem du sie mit der Textseite nach oben in derselben Anordnung auf die Glasplatte des Bilderrahmens legst. Dabei kannst du den Informationstext zu Hilfe nehmen. Es gibt sechs Puzzleteile, die nicht in das Puzzle gehören und zum Schluss übrig bleiben!
3. Wenn du alle Antwort-Puzzleteile angeordnet hast, lege die Rückseite des Bilderrahmens darauf und befestige sie mit Hilfe der Klammern an der Glasplatte.
4. Dreh nun den Bilderrahmen um. Wenn du die Fragen richtig beantwortet hast, ist ein Bild erkennbar.
5. Fülle nun das Arbeitsblatt aus.

Informationstext 13

Der Koala

Der Koala gehört in die Säugetierordnung der Beuteltiere. Charakteristisch und namengebend für die Vertreter der Beuteltiere ist der Bauchbeutel des Weibchens.

Das Junge (meist nur eines) kommt nach einer extrem kurzen Tragzeit von etwa 35 Tagen winzig und völlig unterentwickelt zur Welt. Es ist bei der Geburt nur ca. 2 cm groß und 0,5 g schwer! Den Großteil seiner Entwicklung durchläuft es dann im mütterlichen Bauchbeutel. In diesem Beutel liegen auch die Zitzen, an denen das Junge Milch trinkt. Nach sechs bis sieben Monaten klettert das Jungtier auf den Rücken der Mutter, wo es transportiert wird, bis es halbwegs ausgewachsen ist. Zur Ordnung der Beuteltiere gehören neben dem Koala z. B. Kängurus, Wallabys, Beutelmarder, Beutelflughörnchen, Wombats, Beutelwolf und Beutelratte (= Opossum).

Der Koala ist ein baumbewohnendes Beuteltier. Seine Bewegungen sind recht langsam; für Sicherheit beim Klettern sorgen die ausgeprägten Klauen und die rauen Innenflächen der Vorder- und Hinterpfoten. Daumen und Zeigefinger sind den übrigen Fingern entgegengestellt, so dass sie in festem Griff die Äste umschließen können.

Der kräftige Körper ist mit einem dicken, aschgrauen Fell bedeckt. Ein Schwanz ist nur rudimentär entwickelt. Koalas erreichen bei einem Gewicht von 5–12 kg eine Kopfrumpflänge von 72–78 cm. Im Aussehen erinnern sie an Bären (daher wird auch häufig von „Koalabären" gesprochen) – verwandtschaftlich stehen sich diese Tiere allerdings nicht sehr nahe (Bären gehören zur Ordnung der Raubtiere).

Koalas sind auf Eukalyptusblätternahrung spezialisiert. Da die Blätter einen bestimmten Reifegrad aufweisen müssen, ist die Fütterung und daher auch die Haltung der Tiere in Zoos besonders schwierig.

Natürlicherweise kommen Koalas ausschließlich in den Eukalyptuswäldern Ostaustraliens vor. Sie sind hauptsächlich dämmerungs- und nachtaktiv. Tagsüber schlafen sie eingerollt in den Zweigen von Bäumen, wobei sie sich mit ihren Füßen an den Zweigen festhalten.

Da die Tiere kaum natürliche Feinde kennen, haben sie nur ein schwach ausgebildetes Fluchtverhalten; als Ende des 19. Jahrhunderts das Koalaschießen zum Sport wurde, fielen die wehrlosen Tiere den Jägern reihenweise zum Opfer. Heute sind Koalas zwar geschützt, dennoch gelten sie als gefährdet. Ihre Bedrohung ist insbesondere auf die Zerstörung der Eukalyptuswälder durch Rodung zurückzuführen. Problematisch ist auch die Zerstückelung größerer Waldflächen durch Straßen oder Anbauflächen, die von den Tieren auf ihren Wanderungen nicht überwunden werden können.

Arbeitsblatt 13
Der Koala

Aufgabe:

Beantworte mit Hilfe des Informationstextes „Der Koala" folgende Fragen:

1. **Zu welcher Säugetierordnung gehört der Koala?**

   _____

2. **Was ist für Beuteltiere u. a. charakteristisch?**

   _____

3. **Wie groß und schwer ist ein junger Koala bei der Geburt?**

   _____

4. **Wo lebt das Koala-Junge unmittelbar nach seiner Geburt?**

   _____

5. **Wovon wird das Koala-Junge nach seiner Geburt ernährt?**

   _____

6. **Auf welchem Kontinent ist der Koala beheimatet?**

   _____

7. **Wo halten sich Koalas fast ausschließlich auf?**

   _____

8. **Wovon ernährt sich der Koala?**

   _____

9. **Aus welchen Gründen sind Koalas heute hauptsächlich gefährdet?**

   _____

10. **Kennst du noch drei weitere Beispiele für Vertreter der Ordnung der Beuteltiere?**

   _____

Lösungen Arbeitsblatt 13
Der Koala

1. **Zu welcher Säugetierordnung gehört der Koala?**

   Er gehört zur Ordnung der Beuteltiere.

2. **Was ist für Beuteltiere u. a. charakteristisch?**

   Charakteristisch ist z. B. der Bauchbeutel, in dem die Jungen sich nach ihrer Geburt weiterentwickeln.

3. **Wie groß und schwer ist ein junger Koala bei der Geburt?**

   Größe: 2 cm
   Gewicht: 0,5 g

4. **Wo lebt das Koala-Junge unmittelbar nach seiner Geburt?**

   Es lebt im Bauchbeutel der Mutter.

5. **Wovon wird das Koala-Junge nach seiner Geburt ernährt?**

   Es wird von Muttermilch ernährt.

6. **Auf welchem Kontinent ist der Koala beheimatet?**

   Er ist auf dem australischen Kontinent beheimatet.

7. **Wo halten sich Koalas fast ausschließlich auf?**

   Sie halten sich fast ausschließlich in Eukalyptusbäumen auf.

8. **Wovon ernährt sich der Koala?**

   Er ernährt sich hauptsächlich von Eukalyptusblättern.

9. **Aus welchen Gründen sind Koalas heute hauptsächlich gefährdet?**

   Sie sind vor allem aufgrund der Zerstörung und der Zerstückelung ihres Lebensraumes gefährdet.

10. **Kennst du noch drei weitere Beispiele für Vertreter der Ordnung der Beuteltiere?**

    z. B. Beutelratte, Wallaby, Beutelmarder, Beutelflughörnchen, Känguru, Wombat, Beutelwolf

Fragenraster 13
Säugetierpuzzle Koala

Wie groß und schwer ist ein junger Koala bei der Geburt?	Wie viele Junge bekommt ein Weibchen meistens auf einmal?	Wie lange trägt das Koala-Weibchen ihr Junges aus?
Wo lebt das Koala-Junge unmittelbar nach seiner Geburt?	Zu welcher Säugetier-ordnung gehört der Koala?	Wodurch ist beim Koala Sicherheit beim Klettern gewährleistet?
Wann ist der Koala hauptsächlich aktiv?	Wovon ernährt sich der Koala?	Was ist für Beuteltiere u. a. charakteristisch?
Auf welchem Kontinent ist der Koala beheimatet?	Aus welchen Gründen sind Koalas heute hauptsächlich gefährdet?	Wovon wird das Koala-Junge nach seiner Geburt ernährt?
Wo halten sich Koalas fast ausschließlich auf?	Kennst du noch drei weitere Beispiele für Vertreter der Ordnung der Beuteltiere?	Warum ist die Bezeichnung „Koalabär" etwas irre-führend?

Antwortenraster/Antwort-Puzzleteile 13
Säugetierpuzzle Koala

Größe: 2 cm Gewicht: 0,5 g	meistens nur eins	etwa fünf Wochen
im Bauchbeutel der Mutter	zur Ordnung der Beuteltiere	durch die Klauen und die rauen Innenflächen der Vorder- und Hinterpfoten
hauptsächlich nachts und in der Dämmerung	hauptsächlich von Eukalyptusblättern	der Bauchbeutel, in dem die Jungen sich nach ihrer Geburt weiterentwickeln
auf dem australischen Kontinent	aufgrund der Zerstörung und der Zerstückelung ihres Lebensraumes	von Muttermilch
in Eukalyptusbäumen	Beutelratte, Känguru, Wombat	Die Bären gehören zur Ordnung der Raubtiere und sind nicht eng mit dem Koala verwandt.

Gewicht: 5–12 kg Größe: 72–78 cm	mit einem dicken, aschgrauen Fell	Im Beutel befinden sich die Zitzen.
Die Fütterung und Haltung in Zoos ist daher besonders schwierig.	eingerollt in den Zweigen von Bäumen	mit den Füßen

STATION: 14	FORM: Einzel- oder Partnerarbeit	ZEIT: ca. 20 Minuten	KONTROLLE: Lösungsblatt/ Foto	WAHL

THEMA:

Säugetierpuzzle Wale

MATERIALIEN:

- Informationstext 14
- Fragenraster
- 1 Bilderrahmen (etwa in DIN-A4-Größe)
- 20 Antwort-Puzzleteile mit Bildrückseite
- Arbeitsblatt 14

ANLEITUNG:

1. Lies den Informationstext über Wale aufmerksam durch.
2. Ordne nun den Fragen des Fragenrasters die richtigen Antwort-Puzzleteile zu, indem du sie mit der Textseite nach oben in derselben Anordnung auf die Glasplatte des Bilderrahmens legst. Dabei kannst du den Informationstext zu Hilfe nehmen. Es gibt sechs Puzzleteile, die nicht in das Puzzle gehören und zum Schluss übrig bleiben!
3. Wenn du alle Antwort-Puzzleteile angeordnet hast, lege die Rückseite des Bilderrahmens darauf und befestige sie mit Hilfe der Klammern an der Glasplatte.
4. Dreh nun den Bilderrahmen um. Wenn du die Fragen richtig beantwortet hast, ist ein Bild erkennbar.
5. Fülle nun das Arbeitsblatt aus.

Informationstext 14

Wale

Wale haben zwar ein fischähnliches Aussehen, sind jedoch echte Säugetiere und somit *keine* Fische. Die Bezeichnung „Walfisch" ist daher nicht korrekt! Die Wale haben sich im Laufe der Evolution von ursprünglich vierbeinigen, landlebenden Säugetieren zu Wasserbewohnern entwickelt. In Anpassung an das Leben im Wasser haben sie eine stromlinienförmige Körperform angenommen. Ihre Vordergliedmaßen sind zu Flossen umgewandelt, Hintergliedmaßen fehlen. Eine waagrechte Schwanzflosse dient dem Antrieb. Zum Schutz vor Abkühlung besitzen sie eine dicke Fettschicht unter der unbehaarten Haut (auch als „Blubber" bezeichnet).

Zu den Walen gehört die größte und schwerste Säugetierart – der Blauwal. Schon bei seiner Geburt hat ein Blauwal eine Länge von ca. 7 m und ein Gewicht von 2 t! Ein ausgewachsenes Tier kann bis zu 30 m lang und 150 t schwer werden. Ein Tier mit solchen Ausmaßen kann nur im Wasser leben; in diesem Medium hat das Skelett keine Probleme mit der Tragfähigkeit der Körpermasse, da das Gewicht vom Wasser getragen wird.

Wie die landlebenden Säugetiere besitzen Wale zum Atmen eine Lunge; sie sind also auf Luftsauerstoff angewiesen und müssen regelmäßig an die Wasseroberfläche kommen, um durch das Atemloch, das sich am Hinterkopf befindet, Luft ein- und auszuatmen.

Man unterscheidet bei den Walen zwei Hauptgruppen: die Zahnwale und die Bartenwale. Zu den Zahnwalen gehören z. B. Schweinswal, Pottwal, Tümmler, Schwertwal und Delfin. Sie sind durchweg kleiner als die Bartenwale, besitzen Zähne und leben räuberisch, hauptsächlich von Fischen und Kalmaren. Die Bartenwale hingegen, zu denen beispielsweise Blauwal, Finnwal, Grönlandwal und Buckelwal gerechnet werden, tragen statt der Zähne so genannte Barten: Dabei handelt es sich um ausgefranste Hornplatten, die dicht nebeneinander vom Gaumen herunterhängen und mit Hilfe derer tierisches Plankton (Krill) als Nahrung aus dem Wasser gefiltert werden kann.

Wie ihre an Land lebenden Verwandten weisen Wale ein charakteristisches Säugetiermerkmal auf: Die Jungen werden lebend geboren und von der Mutter mit fettreicher Milch gesäugt. Die Tragzeit beträgt etwa 11–16 Monate.

Meistens leben Wale in mehr oder weniger großen Gruppen, bei manchen Arten schließen sich mehrere Gruppen zu so genannten Schulen zusammen. Zur Verständigung untereinander sowie zur Orientierung senden die Tiere Laute aus, die teilweise in dem für das menschliche Ohr nicht wahrnehmbaren, hochfrequenten Ultraschallbereich liegen.

Wale sind in allen Meeren zu Hause, einige leben in tropischen Flussgewässern. Viele Walarten legen auf ihren Wanderungen zwischen kalten und warmen Meeren beeindruckende Strecken zurück (der nur mittelgroße Grauwal z. B. 10 000 km!).

Wale werden seit Jahrhunderten gefangen; ihr Speck und ihre Leber werden zu einem Öl verarbeitet, dem so genannten Tran. Verwendet werden zudem ihr Fleisch und die Barten (= Fischbein). Außerdem verfangen sich vor allem die kleineren Arten zu Tausenden als Beifang in Fischereinetzen und gehen dabei elend zugrunde. Daher sind manche Walarten vom Aussterben bedroht.

Arbeitsblatt 14
Wale

Aufgabe:

Beantworte mit Hilfe des Informationstextes „Wale" folgende Fragen:

1. Woran erkennst du u. a., dass der Wal ein Säugetier ist?

_____

2. Wie verständigen sich Wale untereinander?

_____

_____

3. Wovon ernähren sich Bartenwale?

_____

4. Welches Organ besitzen Wale zum Atmen?

_____

5. Wie groß und wie schwer kann ein ausgewachsener Blauwal werden?

_____

6. Was versteht man unter „Tran"?

_____

_____

7. Wie nennt man größere Gruppen, in denen sich Wale zusammenfinden?

_____

8. Aus welchen Gründen sind einige Walarten vom Aussterben bedroht?

_____

_____

_____

9. Nenne drei Walarten, die zu den Bartenwalen gehören!

_____

10. Nenne drei Walarten, die zu den Zahnwalen gehören!

_____

Lösungen Arbeitsblatt 14
Wale

1. Woran erkennst du u. a., dass der Wal ein Säugetier ist?

Die Jungen werden lebend geboren und von der Mutter mit fettreicher Milch gesäugt.

2. Wie verständigen sich Wale untereinander?

Sie verständigen sich mit Hilfe von Lauten, die sie aussenden und die teilweise im hochfrequenten Ultraschallbereich liegen.

3. Wovon ernähren sich Bartenwale?

Sie ernähren sich von tierischem Plankton (Krill).

4. Welches Organ besitzen Wale zum Atmen?

Sie atmen wie die landlebenden Säugetiere: mit einer Lunge.

5. Wie groß und wie schwer kann ein ausgewachsener Blauwal werden?

Größe: ca. 30 m
Gewicht: ca. 150 t

6. Was versteht man unter „Tran"?

„Tran" nennt man das aus dem Speck und der Leber der Wale gewonnene Öl.

7. Wie nennt man größere Gruppen, in denen sich Wale zusammenfinden?

Man nennt sie „Schulen".

8. Aus welchen Gründen sind einige Walarten vom Aussterben bedroht?

Wale werden gejagt; verwendet werden Speck und Leber, ihr Fleisch und die Barten (= Fischbein). Außerdem verfangen sich vor allem die kleineren Arten als Beifang in Fischereinetzen.

9. Nenne drei Walarten, die zu den Bartenwalen gehören!

z. B. Blauwal, Finnwal, Grönlandwal, Buckelwal

10. Nenne drei Walarten, die zu den Zahnwalen gehören!

z. B. Delfin, Tümmler, Schwertwal, Pottwal

Fragenraster 14
Säugetierpuzzle Wale

Wie verständigen sich Wale untereinander?	Aus welchen Gründen sind einige Walarten vom Aussterben bedroht?	Woran erkennst du u. a., dass der Wal ein Säugetier ist?
Welches Organ besitzt der Wal zum Atmen?	Wie groß und wie schwer kann ein ausgewachsener Blauwal werden?	Nenne drei Walarten, die zu den Zahnwalen gehören!
Nenne drei Arten, die zu den Bartenwalen gehören!	Wie nennt man größere Gruppen, in denen sich Wale zusammenfinden?	Wovon ernähren sich Bartenwale?
Wie groß und wie schwer ist ein Blauwal-Junges bei seiner Geburt?	Wie schützen sich Wale vor zu starker Abkühlung?	Wovon ernähren sich Zahnwale?
Was versteht man unter „Tran"?	Wodurch atmen Wale ein und aus?	Wo gibt es Wale?

Antwortenraster/Antwort-Puzzleteile 14
Säugetierpuzzle Wale

mit Hilfe von Lauten, die sie aussenden und die teilweise im hochfrequenten Ultraschallbereich liegen	aufgrund der Jagd wegen Speck, Leber, Fleisch und Barten; kleinere Arten verfangen sich außerdem als Beifang in Fischereinetzen.	Die Jungen werden lebend geboren und von der Mutter mit fettreicher Milch gesäugt.
wie die landlebenden Säugetiere: eine Lunge	Größe: ca. 30 m Gewicht: ca. 150 t	Delfin, Tümmler, Schwertwal
Blauwal, Finnwal, Buckelwal	Schulen	von tierischem Plankton (Krill)
Größe: ca. 7 m Gewicht: ca. 2 t	durch eine dicke Speckschicht unter der Haut („Blubber")	hauptsächlich von Fischen und Kalmaren
das aus dem Speck und der Leber der Wale gewonnene Öl	durch ein Atemloch auf dem Hinterkopf	in allen Meeren und in einigen tropischen Flüssen

von landlebenden Säugetieren	Sie legen Wanderungen zurück.	die waagrechte Schwanzflosse
ausgefranste Hornplatten am Gaumen, die zum Filtrieren des Wassers dienen	etwa 11–16 Monate	Die Körperform ist stromlinienförmig.

STATION: 15	FORM: Einzel- oder Partnerarbeit	ZEIT: ca. 20 Minuten	KONTROLLE: Lösungsblatt	WAHL

THEMA:

Tangram – ein chinesisches Puzzle

MATERIALIEN:

- 7 Tangram-Puzzleteile
- Vorlage mit 4 Tierbildern
- Arbeitsblatt 15

ANLEITUNG:

1. Versuche, die auf der Vorlage abgebildeten Tierfiguren mit den Tangram-Puzzleteilen nachzulegen. Für jede Figur musst du alle Puzzleteile verwenden.
2. Um welche Tiere handelt es sich? Woran erkennst du die Tiere? Fülle das Arbeitsblatt aus!

Puzzleteile 15
Tangram – ein chinesisches Puzzle

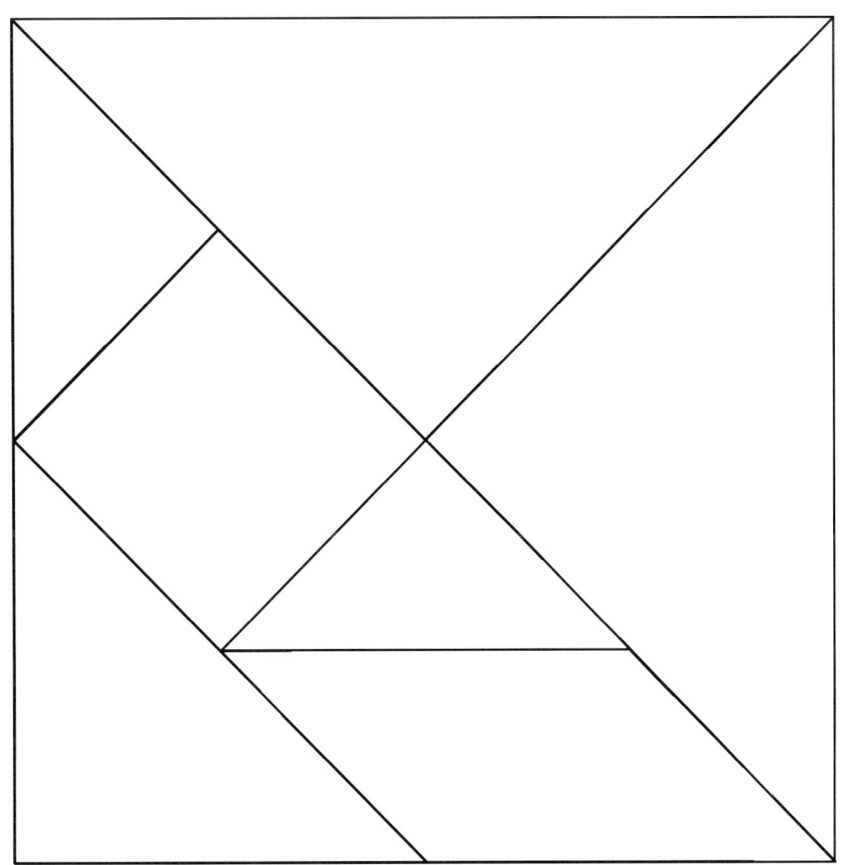

Vorlage 15
Tangram – ein chinesisches Puzzle

1.

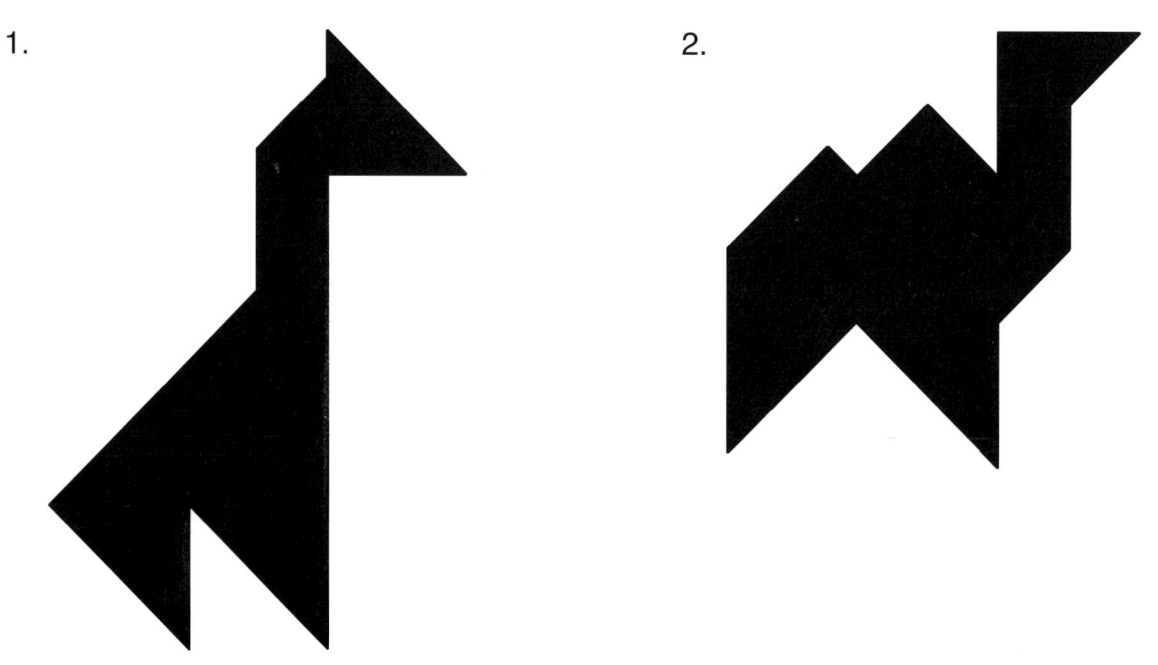

2.

3.

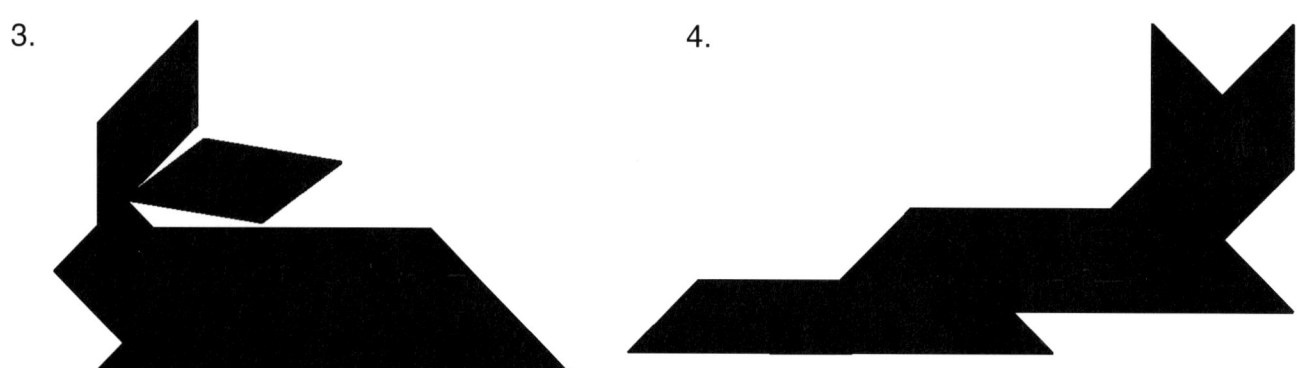

4.

Arbeitsblatt 15
Tangram – ein chinesisches Puzzle

Aufgabe:

Hast du erkannt, um welche Säugetiere es sich bei den Puzzlefiguren 1.–4. handelt?
Woran hast du die Tiere erkannt?
Schreibe deine Antworten in die Tabelle.

Nr.	Tier	Erkennungsmerkmale
1		
2		
3		
4		

Lösungen Tangram – ein chinesisches Puzzle 15

1.

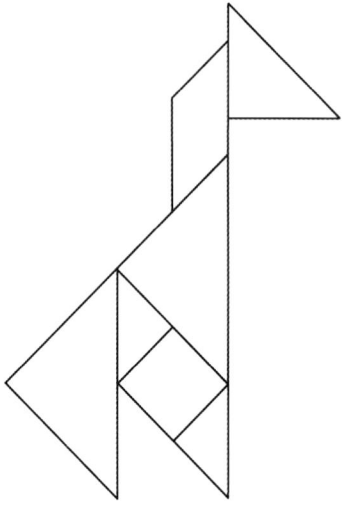

2.

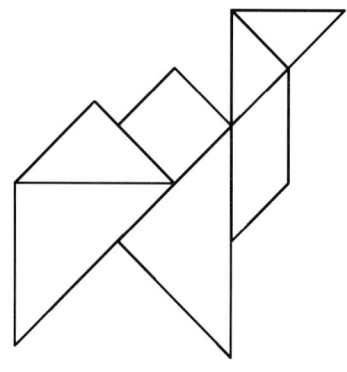

3.

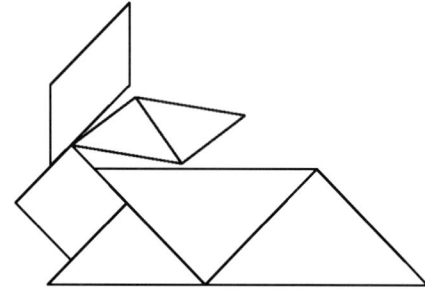

4.

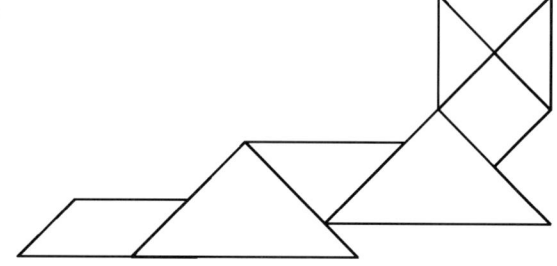

Lösungen Arbeitsblatt 15
Tangram – ein chinesisches Puzzle

Nr.	Tier	Erkennungsmerkmale
1	Giraffe	langer Hals, abschüssiger Rücken, Stirnzapfen am Kopf
2	Kamel	zwei Höcker
3	Hase	lange Ohren
4	Fuchs	lange, spitze Ohren, buschiger Schwanz

STATION: 16/17	FORM: Gruppenarbeit (4)	ZEIT: ca. 20 Minuten	KONTROLLE: Bingo-Meister/ Lösungsübersicht	WAHL

THEMA:

Bingo-Spiel 1 und 2

MATERIALIEN (pro Spiel):

- 3 Bingo-Karten
- 1 Satz der 36 farbigen Tiernamen-Spielkärtchen
- 1 Satz der 36 farbigen Tiernamen-Spielkärtchen mit rückseitigem Kreuz als Kennzeichnung (Karten für den Bingo-Meister)
- Lösungsübersicht

ANLEITUNG:

Information:

Alle Tier**arten** werden nach ihren Merkmalen und ihrer Abstammung in einem Verwandtschaftssystem geordnet. Sie werden in so genannten **Familien** und bestimmte Familien wiederum in **Ordnungen** zusammengefasst.

Spielregeln:

1. Es spielen ein Bingo-Meister und drei Spieler. Mit Ausnahme des Bingo-Meisters erhält jeder Spieler eine Bingo-Karte und jeweils zwei Tiernamen-Spielkarten von jeder Farbe (also insgesamt 12).
2. Der Bingo-Meister erhält eine Lösungsübersicht und den kompletten zweiten Satz an Tiernamen-Spielkarten, die auf der Rückseite mit einem Kreuz gekennzeichnet sind (insges. 36).
3. Jeder Spieler ordnet nun auf seiner Bingo-Karte die Tiernamen-Spielkärtchen richtig zu.
4. Der Bingo-Meister mischt seine Kärtchen gut durch und liest dann nacheinander jedes einzeln vor (bei doppelten Karten nur einmal). Die Spieler drehen auf ihrer Bingo-Karte die jeweilige Tiernamenskarte um, sobald diese aufgerufen wird. Wer als Erster alle zwölf Karten umgedreht hat, ruft laut „Bingo!". Waren alle Karten richtig zugeordnet (Kontrolle anhand der Lösungsliste durch den Bingo-Meister), hat dieser Spieler gewonnen.
5. Jeder trägt nun seine zugeordneten Tiernamen in seine Bingo-Karte ein und heftet diese ab.

Bingo-Karten 16
Bingo-Spiel 1

Spieler 1

Kloakentiere		Kloakentiere	
Flattertiere		Flattertiere	
Beuteltiere		Beuteltiere	
Waltiere		Waltiere	
Raubtiere		Raubtiere	
Insektenfresser		Insektenfresser	

Spieler 2

Flattertiere		Flattertiere	
Insektenfresser		Insektenfresser	
Waltiere		Waltiere	
Beuteltiere		Beuteltiere	
Kloakentiere		Kloakentiere	
Raubtiere		Raubtiere	

Bingo-Karten 16
Bingo-Spiel 1

Spieler 3

Beuteltiere		Beuteltiere	
Kloakentiere		Kloakentiere	
Raubtiere		Raubtiere	
Insektenfresser		Insektenfresser	
Waltiere		Waltiere	
Flattertiere		Flattertiere	

Bingo-Karten 17
Bingo-Spiel 2

Spieler 1

Unpaarhufer		Unpaarhufer	
Nagetiere		Nagetiere	
Zahnarme		Zahnarme	
Primaten		Primaten	
Paarhufer		Paarhufer	
Hasentiere		Hasentiere	

Bingo-Karten 17
Bingo-Spiel 2

Spieler 2

Paarhufer		Paarhufer	
Hasentiere		Hasentiere	
Zahnarme		Zahnarme	
Nagetiere		Nagetiere	
Unpaarhufer		Unpaarhufer	
Primaten		Primaten	

Spieler 3

Hasentiere		Hasentiere	
Zahnarme		Zahnarme	
Paarhufer		Paarhufer	
Unpaarhufer		Unpaarhufer	
Primaten		Primaten	
Nagetiere		Nagetiere	

Tiernamen-Spielkärtchen 16/17
Bingo-Spiele 1 und 2

Schwarzer Flughund	Flugfuchs	Echter Vampir	*Spiel 1 Flattertiere*
Langohr- fledermaus	Zwergfledermaus	Glattnasen- Fledermaus	
Europäischer Biber	Hausmaus	Europäischer Feldhamster	*Spiel 2 Nagetiere*
Eichhörnchen	Bisamratte	Alpenmurmeltier	

grün

Blauwal	Pottwal	Gemeiner Delfin	*Spiel 1 Waltiere*
Schwertwal	Großer Tümmler	Schweinswal	
Steppenzebra	Wildesel	Indisches Panzernashorn	*Spiel 2 Unpaarhufer*
Hauspferd	Schabrackentapir	Spitzmaulnashorn	

weiß

Sibirischer Tiger	Wolf	Ringelrobbe	*Spiel 1 Raubtiere*
Braunbär	Gepard	Nordluchs	
Orang-Utan	Roter Brüllaffe	Mandrill	*Spiel 2 Primaten*
Schimpanse	Weißhandgibbon	Mantelpavian	

grau

Tiernamen-Spielkärtchen 16/17
Bingo-Spiele 1 und 2

Langschnabel-Ameisenigel	Schnabeltier	Kurzschnabel-Ameisenigel	*Spiel 1 Kloakentiere*
Langschnabel-Ameisenigel	Schnabeltier	Kurzschnabel-Ameisenigel	
Wildschwein	Zweihöckerkamel	Reh	*Spiel 2 Paarhufer*
Großes Flusspferd	Rothirsch	Netzgiraffe	

rot

Rotes Riesenkänguru	Bennetts Wallaby	Tüpfelbeutelmarder	*Spiel 1 Beuteltiere*
Koala	Beutelwolf	Nacktnasenwombat	
Feldhase	Wildkaninchen	Feldhase	*Spiel 2 Hasentiere*
Schneehase	Alpenpfeifhase	Eselhase	

gelb

Tenrek	Waldspitzmaus	Europäischer Maulwurf	*Spiel 1 Insektenfresser*
Wasserspitzmaus	Igel	Zwergspitzmaus	
Kleiner Ameisenbär	Neunbinden-gürteltier	Großer Ameisenbär	*Spiel 2 Zahnarme*
Zweifinger-Faultier	Gürtelmaus	Dreifinger-Faultier	

blau

Lösungsübersicht 16
Bingo-Spiel 1

Ordnung	Tierart
Kloakentiere	Kurzschnabel-Ameisenigel Langschnabel-Ameisenigel Schnabeltier
Flattertiere	Schwarzer Flughund Langohrfledermaus Flugfuchs Zwergfledermaus Echter Vampir Glattnasen-Fledermaus
Beuteltiere	Rotes Riesenkänguru Koala Bennetts Wallaby Tüpfelbeutelmarder Nacktnasenwombat Beutelwolf
Waltiere	Blauwal Schwertwal Pottwal Großer Tümmler Gemeiner Delfin Schweinswal
Raubtiere	Sibirischer Tiger Braunbär Wolf Gepard Ringelrobbe Nordluchs
Insektenfresser	Tenrek Wasserspitzmaus Zwergspitzmaus Waldspitzmaus Igel Europäischer Maulwurf

Lösungsübersicht 17
Bingo-Spiel 2

Ordnung	Tierart
Paarhufer	Wildschwein Großes Flusspferd Zweihöckerkamel Rothirsch Reh Netzgiraffe
Unpaarhufer	Steppenzebra Hauspferd Wildesel Schabrackentapir Indisches Panzernashorn Spitzmaulnashorn
Hasentiere	Feldhase Schneehase Wildkaninchen Alpenpfeifhase Eselhase
Nagetiere	Europäischer Biber Eichhörnchen Hausmaus Bisamratte Europäischer Feldhamster Alpenmurmeltier
Primaten	Orang-Utan Schimpanse Roter Brüllaffe Weißhandgibbon Mandrill Mantelpavian
Zahnarme	Großer Ameisenbär Kleiner Ameisenbär Zweifinger-Faultier Dreifinger-Faultier Neunbindengürteltier Gürtelmaus

STATION: **18**	FORM: Gruppenarbeit (3–6)	ZEIT: ca. 45 Minuten	KONTROLLE: Lehrkraft	WAHL

THEMA:

Anfertigen eines Quartetts „Säugetiere"

MATERIALIEN:

- Arbeitsblatt 18
- Farbstifte, Scheren, Klebstoff
- Tierlexikon
- ggf. Tierbildmaterial zum Ausschneiden
- leere Quartettkarten

ANLEITUNG:

Erstellt gemeinsam ein Säugetier-Quartett mit mindestens sechs Gruppen zu je vier Karten. Jede Gruppe sollte einer Säugetierordnung entsprechen, auf den Karten sollten vier Arten einer jeweiligen Ordnung aufgelistet, eine davon mit Bild (Zeichnung oder Foto) dargestellt sein.

> **Information:**
>
> Alle Tier**arten** werden nach ihren Merkmalen und ihrer Abstammung in einem Verwandtschaftssystem geordnet. Sie werden in so genannten **Familien** und bestimmte Familien wiederum in **Ordnungen** zusammengefasst.

1. Wählt gemeinsam sechs Säugetierordnungen für euer Spiel aus. Ihr solltet zu jeder Ordnung mindestens vier Tierarten finden. Hierfür könnt ihr ein Tierlexikon zu Hilfe nehmen. Tragt eure sechs Gruppen (Ordnungen) mit jeweils vier Vertretern (Arten) in die Tabelle von Arbeitsblatt 18 ein und zeigt sie der Lehrkraft zur Kontrolle.

> **Von diesen Säugetierordnungen kennt ihr sicher einige Vertreter:**
>
> Paarhufer – Unpaarhufer – Raubtiere – Hasentiere – Nagetiere – Fledertiere – Beuteltiere – Primaten – Kloakentiere – Waltiere – Insektenfresser – Zahnarme

2. Fertigt eure Quartettkarten an. Jeder Schüler/jede Schülerin stellt 1–2 Quartette her (4–8 Karten).
3. Spielt das Quartett mit 24 Karten (jeweils zu dritt oder zu viert).

Arbeitsblatt 18
Anfertigen eines Quartetts „Säugetiere"

Nr.	Säugetier-ordnung	4 Vertreter dieser Ordnung
Bsp.	Primaten	Gorilla, Mantelpavian, Löwenäffchen, Weißhandgibbon
1		
2		
3		
4		
5		
6		

Arbeitsblatt 18
Anfertigen eines Quartetts „Säugetiere"

Nr.	Säugetier-ordnung	4 Vertreter dieser Ordnung
Bsp.	Primaten	Gorilla, Mantelpavian, Löwenäffchen, Weißhandgibbon
1		
2		
3		
4		
5		
6		

Vorlagen Quartettkarten 18
Anfertigen eines Quartetts „Säugetiere"

Säugetierordnung:

1.
2.
3.
4.

Säugetierordnung:

2.
1.
3.
4.

Säugetierordnung:

3.
1.
2.
4.

Säugetierordnung:

4.
1.
2.
3.

STATION: **19**	FORM: Einzel- oder Partnerarbeit	ZEIT: ca. 5 Minuten	KONTROLLE: Lösungsblatt	WAHL

THEMA:

Rätsel: Um welche Säugetiere handelt es sich?

MATERIALIEN:

- Arbeitsblatt 19

ANLEITUNG:

Löse das Rätsel!

Arbeitsblatt 19
Rätsel: Um welche Säugetiere handelt es sich?

1. Dieses Tier wird vom Menschen gezüchtet und liefert ihm Wolle, Fleisch und Milch.

2. Es lebt im Wasser und ist die größte Säugetierart, die es gibt.

3. Es ist ein beliebtes kleines Haustier, das ursprünglich aus Südamerika stammt.

4. Dieses Raubtier ist die größte Wildkatzenart in Europa; kennzeichnend sind seine schwarzen Haarbüschel an den spitzen Ohren.

5. Dieser Menschenaffe hat ein rotbraunes, zottiges Fell.

6. Dieses Nagetier schläft etwa sieben Monate lang.

7. Von der ägyptischen _____ stammt unsere Hauskatze ab.

8. Borstentier, das auch in europäischen Wäldern lebt.

9. Seine Stoßzähne liefern das begehrte Elfenbein.

10. Dieses Raubtier lebt in unseren Wäldern. Es ist ein Baumbewohner und ein vorzüglicher Kletterer.

11. Dieses Tier wird in der Wüste als Last- und Reittier eingesetzt.

1						●	●	●	●										
2				●	●		●	●	●	●									
3				●	●		●	●	●	●	●	●	●	●	●	●	●	●	●
4					●		●	●	●										
5			●	●	●	●		●	●	●	●								
6				●	●		●	●	●	●	●	●	●	●	●	●	●	●	●
7		●	●	●	●	●	●		●	●									
8					●		●	●		●	●	●	●	●	●				
9				●	●		●	●	●	●									
10		●	●	●	●	●	●		●	●	●								
11				●	●	●		●											

Die Buchstaben auf den grauen Punkten ergeben senkrecht das Lösungswort. Es lautet:

STATION: **20**	FORM: Einzel- oder Partnerarbeit	ZEIT: ca. 5 Minuten	KONTROLLE: Lösungsblatt	WAHL

THEMA:

Silbenrätsel Säugetiere

MATERIALIEN:

■ Arbeitsblatt 20

ANLEITUNG:

Löse das Rätsel!

Arbeitsblatt 20
Silbenrätsel Säugetiere

Aufgabe:

Trage die 18 gesuchten Tiernamen ein, indem du die passenden Silben zusammenfügst. Streiche die benutzten Silben aus, am Schluss darf keine Silbe übrig bleiben.

be – bel – ber – bi – dar – dro – e – fant – fe – ge – gel – gi – gu – her – i – kän – le – lin – maul – me – me – pan – pard – pir – ra – raf – ren – rob – ru – schim – schna – se – tier – tier – vam – wurf – zeb

1. Kleines, schwarzes Säugetier mit samtartigem Fell und schaufelartigen

   Vorderextremitäten: _____

2. Menschenaffe, der in Afrika zu Hause ist: _____

3. Eier legendes Säugetier, welches zur Ordnung der Kloakentiere gehört:

   _____

4. Afrikanisches Säugetier mit langem Hals und Stirnzapfen:

   _____

5. Schnellstes katzenartiges Raubtier aus Afrika:

   _____

6. Blut saugendes Fledertier: _____

7. Sein Junges wächst im Beutel der Mutter heran: _____

8. Größtes Landsäugetier: _____

9. Im Süßwasser lebendes Nagetier, das Staudämme und Burgen baut:

   _____

10. Insektenfresser mit Stachelkleid: _____

11. Meeres- und küstenbewohnendes Säugetier, das wegen seines Fells gejagt wird:

    _____

12. Haustier des Nordens mit verzweigtem Geweih: _____

13. Einhöckrige Kamelart, von der es nur noch die Haustierform gibt:

    _____

14. Kleines Raubtier, das auch in Europa vorkommt und ein weißes Winterfell bekommt:

    _____

15. Unpaarhufer mit gestreiftem Fell, der die Steppen Afrikas bewohnt:

    _____

Lösungen Arbeitsblätter 19 und 20
Rätsel Säugetiere

Rätsel Säugetiere 19

#	2	3	4	5	6	7	8	9	10	11	12	13	14	15	16	17	18	19	20
1							S	C	H	A	F								
2					B	L	A	U	W	A	L								
3					M	E	E	R	S	C	H	W	E	I	N	C	H	E	N
4						L	U	C	H	S									
5			O	R	A	N	G	U	T	A	N								
6			S	I	E	B	E	N	S	C	H	L	A	E	F	E	R		
7	F	A	L	B	K	A	T	Z	E										
8						W	I	L	D	S	C	H	W	E	I	N			
9					E	L	E	F	A	N	T								
10	B	A	U	M	M	A	R	D	E	R									
11				K	A	M	E	L											

Die Buchstaben auf den grauen Punkten ergeben senkrecht das Lösungswort. Es lautet:

S	A	E	U	G	E	T	I	E	R	E

Rätsel Säugetiere 20

1. maul-wurf
2. schim-pan-se
3. schna-bel-tier
4. gi-raf-fe
5. ge-pard
6. vam-pir
7. kän-gu-ru
8. e-le-fant
9. bi-ber
10. i-gel
11. rob-be
12. ren-tier
13. dro-me-dar
14. her-me-lin
15. zeb-ra

STATION: 21	FORM: Einzel- oder Partnerarbeit	ZEIT: ca. 15 Minuten	KONTROLLE: Lösungsblatt	WAHL

THEMA:

Redewendungen mit Säugetieren

MATERIALIEN:

- Arbeitsblatt 21
- Nachschlagewerk für Redewendungen (z. B. Duden, Band 11)

ANLEITUNG:

1. Füllt das Arbeitsblatt aus. Hierfür könnt ihr das Nachschlagewerk zu Hilfe nehmen.
2. Kennt ihr noch weitere Redewendungen, die mit Säugetieren zu tun haben? Sammelt eure Ideen!

Arbeitsblatt 21
Redewendungen mit Säugetieren

Aufgabe:

Im täglichen Sprachgebrauch verwenden wir immer wieder Formulierungen, die mit Säugetieren zu tun haben. Vervollständige die folgenden Redewendungen! Welche Tiere fehlen hier? Schreibe darunter, was die Redewendungen bedeuten.

1. Du hast einen _____ geschossen!

   _____

2. Hier sieht es aus wie in einem _____stall.

   _____

3. Er schläft wie ein _____.

   _____

4. Er verhält sich wie ein _____ im Porzellanladen.

   _____

5. die _____ scheu machen

   _____

6. ein _____ im Schafspelz

   _____

7. wo sich _____ und _____ Gute Nacht sagen

   _____

8. die _____ im Sack kaufen

   _____

Lösungen Arbeitsblatt 21
Redewendungen mit Säugetieren

1. **Du hast einen Bock geschossen!**

   Du hast einen Fehler gemacht.

2. **Hier sieht es aus wie in einem Schweinestall.**

   Hier ist es dreckig, unordentlich.

3. **Er schläft wie ein Murmeltier.**

   Er schläft tief und fest.

4. **Er benimmt sich wie ein Elefant im Porzellanladen.**

   Er richtet durch seine Ungeschicklichkeit Unheil an.

5. **die Pferde scheu machen**

   unnötigerweise für Aufregung sorgen

6. **ein Wolf im Schafspelz**

   jemand mit üblen Absichten, der sich sanft und friedlich gibt

7. **wo sich Hase und Fuchs Gute Nacht sagen**

   ein abgelegener, einsamer Ort

8. **die Katze im Sack kaufen**

   sich auf etwas einlassen/etwas kaufen, was man vorher nicht prüfen konnte

STATION: 22	FORM: Einzel- oder Partnerarbeit	ZEIT: ca. 20 Minuten	KONTROLLE: Lösungsblatt	WAHL

THEMA:

Haustiere-Puzzles

MATERIALIEN:

- 30 Puzzleteile
- Arbeitsblatt 22

ANLEITUNG:

1. Setze aus den 30 Puzzleteilen 5 Puzzles aus jeweils 6 Teilen zusammen.
2. Lies die Texte auf den Puzzleteilen aufmerksam durch und beantworte die Fragen auf dem Arbeitsblatt.

Arbeitsblatt 22
Haustiere-Puzzles

Aufgabe:

Beantworte anhand der Informationen auf den Puzzleteilen folgende Fragen:

1. **Wie nennt man ein ausgewachsenes männliches, wie ein weibliches Pferd? Wie heißen die Jungtiere?**

2. **Warum zählt man das Pferd zu den Unpaarhufern?**

3. **Welche Sinnesorgane sind bei der Katze besonders gut ausgebildet?**

4. **Beschreibe den Fuß der Katze!**

5. **Was liefert das Rind dem Menschen?**

6. **Wie verdaut das Rind seine Pflanzennahrung?**

7. **Wie heißt ein ausgewachsenes männliches Hausschwein, wie ein weibliches? Wie nennt man die Jungtiere?**

8. **Was macht ein Schwein gern, wenn es im Freien ist?**

9. **Welche Aufgaben kann ein Hund für den Menschen erfüllen?**

10. **Von welchem Tier stammt der Hund ab und welche Merkmale hat er noch mit ihm gemeinsam?**

Lösungen Arbeitsblatt 22
Haustiere-Puzzles

1. Wie nennt man ein ausgewachsenes männliches, wie ein weibliches Pferd? Wie heißen die Jungtiere?

ausgewachsenes männliches Tier: Hengst; ausgewachsenes weibliches Tier: Stute; Jungtier: Fohlen

2. Warum zählt man das Pferd zu den Unpaarhufern?

An jedem Fuß ist nur eine Zehe ausgebildet, die von einem einzigen Huf aus Horn umgeben ist.

3. Welche Sinnesorgane sind bei der Katze besonders gut ausgebildet?

Es sind vor allem Sehsinn und Gehörsinn.

4. Beschreibe den Fuß der Katze.

Die Pfoten („Samtpfötchen") besitzen weiche Ballen und spitze, einziehbare Krallen.

5. Was liefert das Rind dem Menschen?

Es liefert Milch, Fleisch, Horn, Fell, Haut und Mist.

6. Wie verdaut das Rind seine Pflanzennahrung?

Es ist ein Wiederkäuer und kaut daher die Nahrung zweimal; es besitzt einen vier-teiligen Magen.

7. Wie heißt ein ausgewachsenes männliches Hausschwein, wie ein weibliches? Wie nennt man die Jungtiere?

ausgewachsenes männliches Tier: Eber; ausgewachsenes weibliches Tier: Sau; Jungtier: Ferkel

8. Was macht ein Schwein gern, wenn es im Freien ist?

Es suhlt sich gern und wühlt mit dem Rüssel im Schlamm nach Wurzeln und Schnecken.

9. Welche Aufgaben kann ein Hund für den Menschen erfüllen?

Er bewacht das Haus, begleitet seinen Herrn auf die Jagd, sucht Verschüttete, Verbrecher sowie Drogen und führt Blinde.

10. Von welchem Tier stammt der Hund ab und welche Merkmale hat er noch mit ihm gemeinsam?

Der Hund stammt vom Wolf ab. Er besitzt ein starkes Raubtiergebiss, kann heulen und knurren und weist ein soziales Verhalten auf.

Puzzleteile 22
Haustiere-Puzzles

Pferd

Das ausgewachsene, männliche Tier wird Hengst, das weibliche Stute genannt. Die Jungtiere heißen Fohlen.	Der Mensch hat zahlreiche Rassen gezüchtet: starke, schwere und schlanke, elegante. Die Züchter unterscheiden nach Temperament zwischen so genannten „Kaltblütern" und „Warmblütern".
Als Futter brauche ich nur Pflanzen, einen Wiederkäuermagen besitze ich allerdings nicht. Hafer und Heu bevorzuge ich. Äpfel und hin und wieder ein Zuckerstück sind für mich kleine Leckerbissen.	Hast du schon einmal meine samtweichen Lippen berührt? Darunter verbergen sich oben und unten große kräftige Schneidezähne. Mit den Mahlzähnen zerreibe ich das Futter.
Bring mich zum Hufschmied, wenn ich dich über weite Strecken tragen soll, denn für meine Hufe brauche ich als Schutz ein Eisen.	An jedem Fuß habe ich nur eine Zehe, die von einem Huf aus Horn umgeben ist. Daher zählt man mich zu den Unpaarhufern.

Katze

Ich bin ein Schleichjäger. Weil ich auf den weichen Ballen meiner „Samtpfötchen" auftrete, hört mich niemand. Dabei habe ich meine spitzen, gebogenen Krallen eingezogen.	Meinen bei der Geburt noch schwachen, unbeholfenen Jungen bin ich eine liebevolle Mutter. Sie werden von mir gesäugt und durch Ablecken sauber gehalten. Später zeige ich ihnen, wie sie sich bei der Jagd geschickt anstellen.
Ich bin ein Einzelgänger. Mein Revier verteidige ich gegen eindringende Artgenossen.	Als Fleischfresser habe ich ein Raubtiergebiss. Meine Schneidezähne sind nur klein, dafür habe ich spitze Eckzähne zum Festhalten und Töten meiner Beute. Meine Backenzähne zerschneiden das Fleisch. Einer davon, der Reißzahn, dient zum Abreißen von Fleischstücken.
Ich höre sehr gut. Auch meine Augen funktionieren ausgezeichnet, sogar wenn es dunkel wird.	Ich bin von Natur aus ein echter Jäger. Auch wenn ich regelmäßig gefüttert werde, gehe ich ab und zu auf Mäusejagd.

Puzzleteile 22
Haustiere-Puzzles

Rind

Ich werde schon sehr lange als Haustier gezüchtet. Ich liefere den Menschen Milch, Fleisch, Fell und Haut, Horn und Mist.	Mein Vorfahre, der Auerochse, ist schon lange ausgerottet. Er lebte in Herden, in denen eine feste Rangordnung herrschte.
Im weichen Boden hinterlasse ich typische Spuren: Ich gehe nur auf den Spitzen zweier Zehen – pro Fuß natürlich – obwohl ich ein schwergewichtiger Vierbeiner bin.	Für den Menschen hört es sich merkwürdig an, wie ich mein Pflanzenfutter verdaue: Es wird zweimal gekaut und wandert durch einen vierteiligen Magen. Daher nennt man mich einen Wiederkäuer.
Schau mir einmal ins Maul: Unter meiner langen Zunge stehen die Schneidezähne ganz flach und im Oberkiefer fehlen sie. Nach einer Lücke folgen breitkronige Backenzähne, mit denen ich meine Nahrung zerreibe.	Das ausgewachsene, männliche Tier nennt man Stier oder Bulle, das weibliche Kuh. Die Jungtiere werden als Kälber bezeichnet.

Schwein

Das ausgewachsene, männliche Tier heißt Eber, das weibliche Sau. Die Jungtiere werden als Ferkel bezeichnet.	Früher schickten mich Menschen meist auf die Weide, wo ich mich gerne im Schlamm suhlte und mit meinem Rüssel nach Schnecken und Wurzeln wühlte. Heute werde ich meistens im Stall gehalten.
Für die Menschen bin ich ein wichtiger Fett- und Fleischlieferant. Meine Haut wird auch zu Leder verarbeitet.	Ich fresse sowohl Pflanzen als auch Fleisch. Mein Gebiss ist daher typisch für einen Allesfresser: Mit den flachen Schneidezähnen kann ich gut Käfer und Körner ergreifen.
Mit meiner rosa Haut sehe ich meinen wild lebenden, dunklen, struppigen Vorfahren auf den ersten Blick nicht sehr ähnlich.	Meine Schlappohren hängen mir fast immer über die kleinen Augen. So verlasse ich mich lieber auf meine feine Nase.

Puzzleteile 22
Haustiere-Puzzles

Hund

Dass meine Vorfahren unter den Wölfen zu finden sind, kannst du sogar heute noch bemerken: Ich kann heulen und knurren, habe ein starkes Raubtiergebiss und verteidige meine Familie und Freunde, solange ich kann.	Ich habe eine besonders feine Nase. Daneben habe ich ein gutes Gehör und kann Geräusche wahrnehmen, die für dich nicht zu hören sind.
Das ausgewachsene, männliche Tier heißt Rüde, das weibliche Hündin. Die Jungtiere werden als Welpen bezeichnet.	Für die Menschen, mit denen ich zusammenlebe, übernehme ich wichtige Aufgaben: Ich bewache das Haus, begleite meinen Herrn auf die Jagd, finde verschüttete Menschen, Verbrecher und Drogen oder führe Blinde.
Als Fleischfresser habe ich ein echtes Raubtiergebiss. Wenn es heiß ist, schwitze ich nicht, weil ich keine Schweißdrüsen besitze. Stattdessen lasse ich die Zunge zum Hecheln heraushängen, dadurch kühle ich etwas ab.	Das soziale Verhalten habe ich von meinen wilden Vorfahren, den Wölfen, geerbt: Sie leben in Rudeln mit einer festen sozialen Rangordnung. Wenn ich mit Menschen in einer Familie lebe, so ist diese mein „Rudel": Ich gehorche dem Herrn und beschütze die Kinder.

Anhang: Fotokarten 4a
Säugetiere Europas

ILTIS	BRAUNBÄR	DACHS
BAUMMARDER	WILDKATZE	LUCHS
FISCHOTTER	WOLF	ROTFUCHS
SIEBENSCHLÄFER	BIBER	WALDMAUS
EICHHÖRNCHEN	HAUSMAUS	FELDHASE

Anhang: Fotokarten 4b
Säugetiere Europas

WILDKANINCHEN	ALPENSCHNEEHASE	IGEL
MAULWURF	HAUSSPITZMAUS	MAUSOHR
MUFFLON	GÄMSE	ALPENSTEINBOCK
WISENT	WILDSCHWEIN	REH
ROTHIRSCH	ELCH	HAUSESEL

Anhang: Fotokarten 6a
Säugetiere und Kontinente

GIRAFFE	LÖWE	ZEBRA
GEPARD	SCHIMPANSE	AFR. ELEFANT
ROTES RIESENKÄNGURU	KOALA	FUCHSKUSU
SCHNABELIGEL	BENNETTS WALLABY	DINGO

Anhang: Fotokarten 6b
Säugetiere und Kontinente

INDISCHER ELEFANT	ORANG-UTAN	GROSSER PANDA
SIBIRISCHER TIGER	IND. PANZERNASHORN	SCHNEELEOPARD
FAULTIER	GROSSER AMEISENBÄR	NEUNBINDENGÜRTELTIER
GRIZZLY	BISON	JAGUAR

Anhang: Foto 13
Säugetierpuzzle Koala

Anhang: Foto 14
Säugetierpuzzle Wale

Bildautoren

BARKOW, U.: Großer Panda (S.137)

BITTMANN, W.: Bison (S. 137), Grizzly (S. 137), Neunbindengürteltier (S. 137), Südlicher Glatt-
wal (S. 139), Jaguar (S. 137), Dingo (S. 136), Schnabeligel (S. 136), Fuchskusu (S. 136),
Koala (S. 136), Rotes Riesenkänguru (S. 136)

HÖLL, D.: Alpenschneehase (S. 135), Bennetts Wallaby (S. 136), Indisches Panzernashorn
(S. 137), Orang-Utan (S. 137), Schimpanse (S. 136), Sibirischer Tiger (S. 137)

NICKLES, J.: Faultier (S. 137)

SCHULTE, M.: Großer Ameisenbär (S. 137), Schneeleopard (S. 137)

SIEGEL, R.: Alpensteinbock (S. 135), Baummarder (S. 134), Biber (S. 134), Braunbär (S. 134),
Dachs (S. 134), Eichhörnchen (S. 134), Elch (S. 135), Feldhase (S. 134), Fischotter
(S. 134), Gämse (S. 135), Gepard (S. 136), Hausspitzmaus (S. 135), Indischer Elefant
(S. 137), Igel (S. 135), Iltis (S. 134), Luchs (S. 134), Mausohr (S. 135), Mufflon (S. 135),
Reh (S. 18, 135), Rotfuchs (S. 18, 134), Rothirsch (S. 135), Siebenschläfer (S. 134),
Waldmaus (S. 134), Wildkatze (S. 134), Wildschwein (S. 135), Wolf (S. 134)

SKOPP, B.: Afrikanischer Elefant (S. 136), Giraffe (S. 136), Löwe (S. 136), Zebra (S. 136)

NATUREPIX/DELPHO, M.: Hausmaus (S. 134), Maulwurf (S. 135), Wildkaninchen (S. 135)

NATUREPIX/MÖBUS, K.: Hausesel (S. 135)

Brandaktuelle Materialien für jeweils ein ganzes Schuljahr!

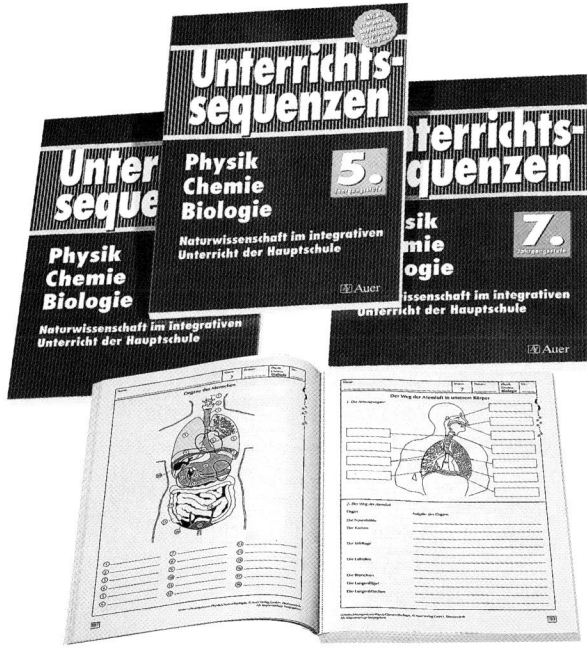

Unterrichtssequenzen Physik/Chemie/Biologie

Naturwissenschaft im integrativen Unterricht der Hauptschule

5. Jahrgangsstufe

232 S., DIN A4, kart.   Best.-Nr. **2952**

6. Jahrgangsstufe

304 S., DIN A4, kart.   Best.-Nr. **2953**

7. Jahrgangsstufe

288 S., DIN A4, kart.   Best.-Nr. **2954**

8. Jahrgangsstufe

304 S., DIN A4, kart.   Best.-Nr. **2955**

9. Jahrgangsstufe
Mit Materialien für die 10. Jahrgangsstufe

264 S., DIN A4, kart.   Best.-Nr. **2956**

Die neue Verbindung: Physik/Chemie/Biologie

Die Unterrichtssequenzen sind genau auf diese Fächerkombination abgestimmt und unterstützen die Lehrkraft bei der Erfüllung der Lerninhalte in der Sekundarstufe.

Klar durchdacht und strukturiert: Lernökonomie

Alle Lerninhalte der miteinander verbundenen Fächer werden umfassend abgedeckt. Es bleibt aber immer genug Freiraum für die Vertiefung einzelner Teilbereiche oder Projektarbeit. Fachspezifische Arbeitsweisen werden erklärt, Anleitungen zum Bau einfacher Modelle durch die Schüler gegeben und zusätzliche Arbeitsaufgaben angeboten.

Praktische Versuche – ohne Angst und Schrecken

Durch genaue Versuchsanleitungen mit Materialliste und Gefahrenhinweisen auf kritische Stellen gelingt die Durchführung der Versuche immer.

Lernen – ganz easy!

Zahlreiche Karteikarten ermöglichen ohne großen Aufwand Freiarbeit zu verwirklichen und auf spielerische Weise das neu erworbene Wissen zu festigen. Alle Texte der Arbeitsblätter sind bewusst in einfacher, schülergemäßer Sprache gehalten. Bilder und Grafiken unterstützen den Text, motivieren, liefern Sprechanlässe und unterstützen die Denkleistungen der Schüler/-innen.

Praxiserprobt und aktuell: Materialien von Auer!

Alles über verschiedene Tierarten!